O Corvo Branco

Encontros mágicos além do tempo e do espaço
Uma visão indígena de épocas primitivas

Klaus Sonnefeld
em colaboração com Herbert C. Nagel

O Corvo Branco

Encontros mágicos além do tempo e do espaço
Uma visão indígena de épocas primitivas

Tradução
Dante Pignatari

Editora Pensamento
São Paulo

Título original
Der Weisse Rabe
Magische Begegnungen jenseits von Zeit und Raum
Eine indianische Vision aus der Urzeit

Publicado mediante acordo com Schneelowe Verlagsberatung & Verlag.
D-87648 — Aitrang/Germany.

Edição	Ano
1-2-3-4-5-6-7-8-9	99-00-01-02

Direitos de tradução para a língua portuguesa
adquiridos com exclusividade pela
EDITORA PENSAMENTO LTDA.
Rua Dr. Mário Vicente, 374 — 04270-000 — São Paulo, SP
Fone: 272-1399 — Fax: 272-4770
E-MAIL: pensamento@snet.com.br
http://www.pensamento-cultrix.com.br
que se reserva a propriedade literária desta tradução.

Impresso em nossas oficinas gráficas.

Para Susi, minha esposa e companheira.

Agradeço especialmente ao meu editor, o senhor Wolfgang Jünemann. Ele me encorajou e incentivou a perseverar, quando tudo ainda estava no começo e eu mal podia imaginar como seria este livro.

Agradeço também ao meu parceiro, Andreas Wenner, pela sua paciência.

Este livro trata de fatos. Entretanto, alguns nomes, ações e lugares foram criados livremente.

Prólogo

Que seria do homem sem os seus sonhos, suas fantasias? Que seria dele sem a liberdade de seus pensamentos, que também podem desdobrar-se sem os grilhões das regras científicas ou civilizadoras? Que seria dele sem o poder da imaginação, que o leva a mundos desconhecidos, torna verdadeiros sonhos não realizados, surge do inconsciente e dá asas ao espírito, sem limitações de tempo e de espaço?

A razão sem dúvida impulsionou o desenvolvimento do *Homo sapiens* como não o fez com nenhuma outra espécie. A alma, entretanto, cuja existência jamais foi comprovada, que jamais foi exposta à ação de um bisturi, abre-lhe o caminho para uma Quarta Dimensão. Mais que todos os conhecimentos, foram sempre o mistério, o inexplicável, o oculto, enfim, que com mais empenho o puseram em movimento, e conquistaram a sua razão.

O raio e o trovão foram degradados por nós a meras fórmulas físicas; acompanhamos pela telinha da televisão os fenômenos que ocorrem com um embrião ou descobrimos com radiotelescópios o nascimento ou a morte de uma estrela que ocorreu há milhões de anos, mas que só hoje chega até nós; o atraso se deve ao tempo que a luz leva para percorrer essas distâncias gigantescas. E como a estrutura básica do Universo — o Caos — é inquietante para nós, tentamos sistematizá-lo, categorizá-lo, numa tentativa de compreender o inconcebível. Enquanto isso, o estado e o desenvolvimento do mundo que nos cerca mais de perto, o nosso próprio planeta, coloca-nos no mesmo dilema.

Mas no nosso inconsciente existe um mecanismo de defesa; ele procura uma proteção diante da onipresente falta de saídas através de uma civilização que engendra a si mesma e é ao mesmo tempo quase suicida. Sentimos a necessidade de uma volta às raízes de nosso ser, aos nossos sonhos e nostalgias, que não precisa de qualquer justificação.

Em nossa vida "moderna", o perigo espreita em muitos dos progressos mascarados como "desenvolvimento" que já escaparam ao nosso controle. Seria um milagre caso a indústria global da mídia e da propaganda não tivessem percebido as possibilidades que daí resultam. Ela mais e mais usa as correntes do nosso inconsciente para influenciar-nos no sentido desejado, para manipular-nos. Nenhum truque psicológico é baixo demais, mesquinho demais, para sugerir às pessoas desejos e cobiça, e até mesmo opiniões e convicções, chegando à disposição para sacrificar a própria vida, para daí tirar vantagens.

Enquanto, num passado remoto, xamãs e fundadores de seitas já usavam métodos de sugestão para rebaixar os homens a dóceis instrumentos e, assim, garantir a própria influência, enquanto mais tarde príncipes, autoridades eclesiásticas e políticos seguiram seus passos, hoje imperam os sedutores secretos, membros das diretorias e dos conselhos de gigantescos conglomerados empresariais: o mercado mundial precisa de um homem padronizado e fácil de atender, o cliente internacional ideal de caráter universal. Nós quase somos levados a crer que os gerentes dessas empresas são membros de uma "comunidade de crença" cujo postulado se expressa no seguinte "lema ético":

Make money – make more money! *

Poucas são as vítimas que ainda estão em condições de descobrir as manipulações. Seu veneno é inoculado até nos recantos, nichos e culturas mais intactos de nosso planeta, que de maneira insidiosa e incessante vai destruindo a variedade humana e apoderando-se de seus sonhos e desejos. É dessa maneira que se tenta chegar à alma. Para eles isso é fácil. Seu único oponente é a natureza, que atualmente perde uma batalha após outra. Para recuperar o terreno perdido, ela se disfarça, se esconde atrás de fachadas artificiais, muda de rosto e tem assim

* Ganhe dinheiro — ganhe mais dinheiro!

todo o tempo do mundo. O que um dia começou no caldo primordial não pode ser vencido ou eliminado nem mesmo pela "coroa da criação". Isso está sempre presente — onipresente – também dentro de nós, como uma loba ou um urso. Nós usamos a loba ou o urso como pele por baixo do vestido de noite ou do *smoking*. O que fazemos ou aonde vamos, não importa: uma sombra de quatro patas sempre nos acompanha ...

I

Como uma cortina negra que uma mão invisível puxasse sobre a abertura de uma caverna, projetou-se sobre nós a frente de uma tempestade. O céu escurecia a olhos vistos, e não era difícil perceber que nos próximos minutos o demônio estaria solto. Nós nos encontrávamos na região da desembocadura do rio Segóvio, na costa da Nicarágua, e estávamos prestes a seguir rio acima com nosso bote através de um daqueles afluentes sem nome. O veleiro de meu amigo Jean — em sábia previsão das formidáveis forças da natureza no Caribe — estava seguro com três âncoras e numa laguna protegida por uma barreira de recifes. Portanto, a rebentação provocada pela tempestade mal chegaria até ele.

Aqui, próximo ao mar, o rio ainda era muito largo, e tínhamos que procurar regiões mais abrigadas antes que a tempestade se desencadeasse. Nosso motor de popa estava a todo vapor, mas seus doze HP mal conseguiam fazer com que o bote de borracha, com sua carga, atingisse a fase de deslizamento, o que teria aumentado consideravelmente a velocidade. Faltavam ainda uns quatrocentos metros para que alcançássemos a floresta protetora, mas do lado de fora do recife as cristas e coroas de espuma já mostravam a violência das primeiras rajadas de vento. A frente negra, que se aproximava rapidamente, já tinha coberto praticamente todo o céu, e o sol, que deveria estar já próximo ao horizonte, não podia mais ser discernido em parte alguma.

Alcançamos a protetora floresta tropical e tentamos encontrar um local de desembarque o mais rapidamente possível. Jean apontou para um lugar plano em frente a uma formação rochosa, e eu me dirigi para lá imediatamente. Até então, a brisa provocada pelo movimento do barco fizera com que o calor abafado fosse suportável, mas agora, em vez disso, soprava sobre nós um vento quente. Até mesmo os nervos de nosso paladar registravam a mudança: entre a língua e as gengivas dissolviam-se aromas indefiníveis de ervas e frutas, de sal e doces exóticos. Mas junto com essa mescla de temperos tropicais percebia-se ainda o cheiro podre dos mangues da região costeira.

Pouco depois, puxei o bote de borracha para a areia e tirei o motor de popa. As rochas erguiam-se diante de nós, refletindo artérias deslumbrantes, os raios que fendiam as nuvens negras que tínhamos por detrás e que eram seguidos de trovões ensurdecedores. Felizmente, a margem era suficientemente plana para que pudéssemos tirar ao menos uma parte do barco da água. Nós esperávamos que essa dramática exibição de força da natureza passasse logo, e a princípio nem tentamos erguer a barraca que trouxéramos; de qualquer forma, a tempestade a teria nos arrancado das mãos. À luz dos raios, Jean descobriu uma abertura entre as rochas, e nós nos apressamos a retirar do bote e levar para lá os equipamentos mais importantes.

Uma rocha muito grande estava enfiada como uma cunha sem ponta entre dois baluartes cinzentos parcialmente cobertos por arbustos, formando uma espécie de teto sobre um nicho escuro. Parecia, à luz palpitante dos raios, uma fantasmagórica porta do inferno. Jean acendeu sua lanterna e, à medida que avançamos, vimos que a erosão também tinha feito seu trabalho, criando uma verdadeira caverna.

— Espere, Mister — disse Jean contendo meu ímpeto exploratório. — Veja bem esses nichos, dobras e fendas; são abrigos ideais para escorpiões e serpentes.

Ele examinou cuidadosamente o chão arenoso em busca de rastros. A superfície lisa estava intocada. Seres vivos grandes, ao menos, parecia que não havia por ali. Mas sobre uma saliência mais no alto havia dois ninhos de aves cujos habitantes, possivelmente, estavam à caça dos insetos e que, com o calor reinante, ainda esvoaçavam protegidos pelas árvores. E havia ainda uma pequena colônia de outros habitantes na “nossa” caverna. Eles estavam pendurados de ponta-cabeça num nicho acima da entrada: grandes morcegos, chamados também de cães voadores, que as pessoas supersticiosas especialmente costumam chamar de vampiros. Ainda não tinha chegado a hora de seu vôo noturno. Ou talvez eles apenas o tivessem adiado por causa da tempestade. De qualquer modo, eles estavam ali, envoltos em suas asas, pendurados como bolsas sem vida; e nós, por outro lado, tratávamos de evitar iluminá-los e assustá-los.

As últimas provisões ainda não estavam num lugar seguro quando o céu abriu suas comportas lá fora. Uma torrente esverdeada despencava, brilhando a cada raio como se fossem milhões de esmeraldas. Trovões, relâmpagos e aquela cintilação — era um espetáculo grandioso, arrebatador. Diante de tal cena, é fácil entrar num estado em que esquecemos de nós mesmos. As imponentes impressões tinham um efeito quase hipnótico. Surdos golpes de tímpanos e o rufar de tambores compunham o ambiente acústico para os relâmpagos sempre novos e multiformes e os jogos de cores sobrenaturais.

Jean e eu estávamos agachados, apoiados um no outro. Calados, desfrutávamos desse prodígio. Só saímos do nosso estado de meditação quando um casal de andorinhas, fugindo da chuva, entrou em busca da proteção do ninho. Veio-me à consciência o ruído grave que estivera presente o tempo todo; era a floresta tropical, onde a tempestade fazia soar o registro grave de um órgão. A comparação com um imenso concerto não estava longe.

— E o grande Regente permanece oculto — eu disse.

— Ele não permanece oculto — respondeu Jean, a quem provavelmente ocorriam pensamentos parecidos. — Ele pode ser visto em toda a parte, na pedra que está na sua frente ou na folha de uma árvore. Para onde olhar, você pode descobri-Lo. Pode sentir Seu cheiro, apalpá-Lo e prová-Lo, pode perceber Suas melodias e ouvir Sua voz. Qualquer um pode fazer isso quando tem olhos para ver, ouvidos para ouvir, mãos para apalpar e juízo para entender. Só aquele que pode vê-Lo, prová-Lo, senti-Lo, poderá começar a entendê-Lo e ver a si mesmo na luz Dele. E assim talvez consiga provar um pouquinho daquilo que no nosso desamparo temos que parafrasear com conceitos como "o todo", ou "a existência", quando nos referimos ao sentido da vida. O conhecimento de si mesmo é só um primeiro, pequeno passo para isso. Ele aumenta nossa capacidade de meditar e sempre acaba nos levando à questão seguinte, à nossa relação com Ele, o grande Regente...

A trovoada diminuiu pouco a pouco, mas a tempestade continuava e a chuva caía com a mesma força.

— Tenho certeza — Jean continuou um pouco depois — de que nós não somos as primeiras pessoas que buscam refúgio nesta caverna. É de se presumir que ela já tenha milhares de anos, e nesse período de tempo já houve milhares de tormentas. Sendo assim, além de animais, algumas pessoas também devem ter buscado refúgio aqui, comido aqui e, exatamente como nós, terão olhado para fora e visto as mesmas coisas. Nômades, caçadores, pescadores ou coletores de frutas, eles com freqüência entravam em contato direto com as forças da natureza, e estavam à mercê dela durante a vida toda. Assim, eles mesmos eram parte integrante da natureza que tudo abarcava, cujos efeitos eles provavelmente conheciam, mas não compreendiam, precisando portanto dar-lhes um significado. Um trovão enchia-os de medo, ou também de veneração, diante da força e do poder daquilo que nós chamamos de o grande Regente. O temor que venera é o embrião de todas as religiões primitivas da natureza, e Deus sabe que não deveríamos sentir-nos superiores a isso, pois nós também vemos nos efeitos das leis da natureza testemunhos do Altíssimo, que sempre foi e que sempre será. Essa é a aparência da nossa interpretação, e no fundo ela não é muito diferente de qualquer outra. Onde há forças da natureza, lá também ELE deve estar, já que foi Quem a "fez". E assim, valendo-se do sentido primordial das palavras e da razão, surge a nossa "interpretação", e aquilo que nasceu de nós, na nossa arrogância, chamamos de "religiões superiores". Cada uma destas, por sua vez, afirma que seus dogmas é que correspondem à verdade.

Jean fez uma pausa, como se meditasse sobre suas próprias palavras. Finalmente, retomou o fio da meada:

— Certamente aqueles homens primitivos também procuraram rastros antes de entrar na caverna. Quando eles conquistaram este continente, há uns vinte mil anos, a aparência deles não era muito diferente da nossa, se bem que a vida dura que levavam os fizera duros e resistentes por meio de uma seleção impiedosa. Depois de percorrer distâncias sem fim por terrenos intransitáveis, seus pés tinham se tornado insensíveis, e eles não teriam dado muita importância a um aguaceiro como este. Mas, apesar de serem tão duros, a expectativa de vida deles era só metade da nossa; um homem de quarenta anos já tinha perdido todos os dentes e era considerado velho, sendo assim, ele só conseguiria chegar a essa idade se tivesse muita sorte. Eles perdiam os dentes já na juventude devido ao hábito de mastigar raízes arenosas e roer ossos, cujo tutano era especialmente apreciado; e a pele era cheia de cicatrizes e pregas causadas por ferimentos de espinhos, picadas de insetos, pela influência das intempéries, e também por ferimentos sofridos em lutas e nas caçadas. Nessas condições, a sobrevivência era difícil e, no sentido mais verdadeiro da palavra, uma luta diária. Os conhecimentos desses homens eram fruto, em primeiro lugar, da transmissão da experiência, e tinham pouco a ver com o que nós entendemos por isso hoje. A dureza de sua mera existência não lhes deixava tempo para acumular conhecimentos; eles estavam sempre ocupados, buscando alimento para manter a família, criar a nova geração e manter-se vivos, até que a morte chegasse.

Eu sempre tinha admirado a maneira calma e reflexiva com que Jean falava, e nesse momento isso também me veio à consciência, enquanto ele parecia concentrar-se para abordar um novo ponto do seu fascinante relato:

— O que mais diferenciava aquelas pessoas de nós era naturalmente o seu "atraso" com relação à técnica e às chamadas bênçãos da civilização. Não é preciso desperdiçar palavras com isso, pois os antigos egípcios e gregos já usavam lâmpadas a óleo que — transformadas em lâmpadas a petróleo — ainda eram usadas por nossos bisavós três mil anos depois. A falta de uma linguagem escrita era o que fazia com que fossem tão diferentes do homem de hoje. Só o desenvolvimento cultural da escrita poderia despertar no homem algo como uma consciência da história que lhes possibilitasse transmitir a nós os testemunhos de tempos remotos. Nós então armazenaríamos em nossas bibliotecas esses testemunhos de culturas há muito extintas, a partir dos quais reconstituiríamos seus pensamentos e conhecimentos, sua sabedoria e sua visão das coisas. Só o que os homens da Idade da Pedra, assim como esses habitantes das cavernas, nos deixaram são fósseis, talvez suas ossadas e seus desenhos rupestres em algumas poucas cavernas. Esses eram sua única "escrita", que deixam os arqueólogos cada vez mais intrigados.

Ainda se ouvia um trovejar surdo na distância. Já era tarde, o céu ainda estava coberto por nuvens escuras, mas o aguaceiro tinha se transformado numa chuva contínua. Não obstante, uma volta ao bote de borracha era impensável; decidimos, portanto, acomodar-nos para passar a noite na caverna. Foi então que nos dispusemos a empreender a difícil tarefa de recolher na floresta ali perto alguma lenha que estivesse tão seca quanto possível. Trazendo-a sob nossa jaqueta, e depois de muitas viagens, conseguimos juntar uma provisão razoável. Foram necessárias várias tentativas até que aparecessem as primeiras chamas tímidas. Finalmente, o fogo aumentou e a fumaça se dispersou.

Em algum lugar mais atrás, na caverna, devia haver um respiradouro, pois a fumaça corria junto ao teto e escapava por ali. Dessa maneira, nossos companheiros do reino animal também escapavam ao perigo de serem defumados. Nós afinal não tínhamos nada contra pássaros e cães voadores, e não queríamos abusar da hospitalidade deles.

Depois que ficou totalmente escuro, a chuva reduziu-se a um gotejar. Com um olhar para fora, vimos que a cobertura de nuvens havia se dissipado. Persistia o rumor abafado da arrebentação no recife, e por essa razão nenhum de nós sentia vontade de levar nossas coisas de volta para o bote e empreender a luta contra os troncos e escolhos que agora deslizavam sombriamente pela superfície do rio. Enquanto isso, apareciam as primeiras estrelas, e uma cintilação clara sobre o mar deixava entrever que logo a lua também apareceria.

Graças à tempestade, o sufocante ar tropical tinha ficado agradavelmente fresco. E justo quando, por razões de segurança, estávamos puxando o bote um pouco mais para cima na areia e amarrando-o a uma árvore próxima, ouvimos o ruído de bater de asas na entrada da caverna. Esse foi o momento que os cães voadores escolheram para iniciar sua caçada noturna de insetos, aproveitando possivelmente nossa curta ausência. À luz fraca e bruxuleante de nossa fogueira distinguimos, em seguida, dois ou três dos grandes mamíferos voadores, no fundo da caverna. E então todos os outros os seguiram numa revoada fantasmagórica. Os característicos ruídos agudos que lançavam diante de si podiam ainda ser ouvidos até que por fim desapareceram nas sombras da selva.

Tentei imaginar que sensações essa cena teria despertado num observador de dez mil anos atrás. Será que cães voadores eram para ele presas bem-vindas? Ou será que seres voadores sem penas eram considerados sagrados, algo assim como criaturas enviadas de um outro mundo, mais misterioso? Afinal de contas, a crença da qual se originaram as histórias de vampiros têm até hoje suas raízes num clima de mistério.

Não era a primeira vez que eu sentia a sintonia de pensamentos entre Jean e eu. Estávamos novamente na caverna, e eu colocava mais madeira bem próxima ao fogo para que secasse, quando ele começou a falar outra vez.

— Não há praticamente nenhuma diferença entre os habitantes das cavernas daquela época e nós, no que se refere ao grau de desenvolvimento biológico. Ao longo de mais de cem mil gerações, a carga genética humana modificou-se consideravelmente, aumentando em até três vezes o tamanho do cérebro; mas nos últimos cinco ou dez mil anos não houve grandes mudanças. Provavelmente os hóspedes desta caverna naquela época já eram muito semelhantes a nós. Por outro lado, os nossos sentidos embotados com certeza lhes pareceria lamentável. Nosso antecessor, para não dizer antepassado, podia discernir uma presa à luz do crepúsculo, isso para não falar de seu olfato. Pode ser que a audição dele também fosse muito mais aguçada do que a nossa. Chega-se a afirmar até mesmo que sua percepção das cores cobria um espectro mais amplo, de maneira que ele podia discernir melhor os graus de sombra e de luz. Como, por exemplo, as estrelas, pois nas noites claras de inverno ele não recorria à televisão, ao rádio ou a outras conquistas da civilização — acrescentou Jean com suave ironia. — Quando ele saía de sua caverna ou de um outro tipo de moradia para o ar livre, não havia iluminação nas ruas ou anúncios de néon que pudessem ofuscar a luz das estrelas. Não é de admirar que os nomes de muitas constelações parecem ser provenientes de tempos imemoriais.

Como de fato tínhamos planejado percorrer durante vários dias essa região da desembocadura do rio Segóvio, entre a Nicarágua e Honduras, naturalmente havíamos levado provisões suficientes e, o que era muito importante para mim, tampouco havíamos esquecido o meu violão. Eu sempre o levava comigo em viagens como essa, e ele nos tinha ajudado mais de uma vez quando não dominávamos a língua do país, coisa muito freqüente nessa terra, devido aos vários idiomas falados pelos índios nativos. Naquela época, para libertá-lo do anonimato, eu batizei o instrumento de "Maria", depois de uma intervenção especialmente prestimosa. Depois de preparar, e comer, uma refeição, toquei para Jean algumas de suas canções preferidas, não sem intenção de "negociar" algo em troca. Eu esperava que ele em seguida deixasse correr livremente a fantasia e continuasse a tecer sua história. Certamente era o espírito desse lugar que nos estimulava da mesma maneira, pois quando Jean estava disposto e a atmosfera o inspirava, sempre se podia contar com uma noite palpitante. Ele então conseguia rapidamente remeter-me ao tempo de suas histórias ou até mesmo me fazer entrar na pele de algum de seus personagens. E assim foi também dessa vez.

— Existe um antigo ditado latino — ele começou — que diz: *Tempora mutantur et nos mutamur in illis*, "Os tempos mudam e nós mudamos com eles". Nós agora estamos falando de um período de vinte mil anos. Não preciso falar mais nada sobre isso. E o homem contribuiu em grande medida para as mudanças que ocorreram nesse período. Como foi mais ou menos nessa época que os primeiros homens chegaram ao continente americano, eles presumivelmente vieram da Sibéria para o Alasca caminhando sobre o atual Estreito de Bering. Reinava a Era Glacial, grandes massas de água estavam imobilizadas nas gigantescas placas de gelo dos pólos. A conseqüência disso é que a superfície dos mares estava num nível bem mais baixo do que hoje, e nessas latitudes havia uma quantidade suficiente de gelo firme para cruzar um braço de mar. Além dessa, há uma segunda teoria que afirma que talvez os homens tenham marchado rumo ao oeste, acompanhando a margem das placas de gelo que começavam na Europa Central. Assim eles alcançavam a terra firme norte-americana, passando pela Groenlândia, uma vez que sempre era possível encontrar alimento suficiente no mar e na margem do gelo. Os inuit, e também os esquimós, provaram isso há séculos. A primeira explicação, entretanto, tem uma vantagem, pois todos os antigos habitantes do Novo Mundo apresentam traços asiáticos em suas feições e, portanto, devem ter sua origem na região da Mongólia. Em geral, devem ter sido alguns clãs, e também pequenos grupos de três ou quatro famílias, que partiam em busca de um novo lugar para viver. E é desses clãs que vamos tratar a partir de agora ...

Ele continuou falando com sua maneira calma e reflexiva, mas a partir desse instante sua história ganhou vida própria como se se desenrolasse praticamente sem a colaboração dele. Portanto era assim, por volta de vinte mil anos atrás, perto do final da última Era Glacial.

— Nessa época ...

II

Eles vinham do Vale dos Mamutes e, entre os clãs e tribos das planícies da Sibéria Oriental, eram também conhecidos por esse nome: o clã do Vale dos Mamutes. A essas alturas, a lembrança daqueles colossos peludos, com suas poderosas presas curvas, já teria se extinguido se não permanecesse na memória coletiva das pessoas e dos povos que durante milênios preserva e transmite, por meio de ditados e de mitos, certos acontecimentos fundamentais ou decisivos. Um desses acontecimentos, que a "Velha Sábia", Aulih, contava, referindo-se aos tempos passados, era a última vez que o clã tinha caçado um desses mamutes.

Aulih era uma velha chefe, e agora servia ao clã como "Protetora do Fogo". Isso e o fato de ela estar em contato com espíritos e demônios elevou-a rapidamente à categoria de xamã, pois falava-se também com certo receio de sua arte de curar. Não é de admirar, portanto, que a mera menção do nome de Aulih fosse como um espinho nos olhos dos xamãs dos outros clãs. Apesar disso, eles refreavam a inveja, já que Aulih tinha um dom que eles temiam especialmente: ela já tinha predito acontecimentos significativos várias vezes — nascimentos e mortes, sorte na caça e épocas de fome — e por duas vezes até a ira do Espírito do Fogo, que sacode a terra e fende e quebra até mesmo rochas e montanhas.

Numa noite de inverno, ela obrigou o clã a abandonar às pressas o acampamento, que ficava sob a proteção de uma saliência rochosa. Eles mal tinham deixado o lugar, levando consigo seus poucos haveres, quando, sem nenhum aviso, o chão começou a tremer sob seus pés. A ira do Espírito do Fogo não passou logo; durou o tempo de várias respirações. Depois do nascer do sol, quando se aproximaram do lugar onde antes estavam instalados, encontraram-no soterrado por enormes rochas e grande quantidade de escombros. Nenhum deles teria escapado com vida dali, se não tivessem dado ouvidos aos avisos e à aflição da Velha Sábia.

A lenda da aliança de Aulih com o Espírito do Fogo espalhou-se como fogo em palha seca, e logo todos presumiam que ela não só previa a ira do Espírito como também podia invocá-la. Talvez seu próprio espírito proviesse de mapa-mapa, daqueles tempos muito, muito longínquos quando o Espírito do Fogo lutou contra o Demônio do Gelo, de tal maneira que a terra se partiu, os vulcões entraram em erupção e as correntes selvagens de grandes rios cortaram a paisagem. Quando o céu ficou negro e finalmente o Demônio do Gelo golpeou com o punho pesado todos os que estavam em seu caminho, o Espírito do Fogo retirou-se para os confins mais distantes do mundo, para lá acender seus vulcões.

As pessoas que, admiradas, ouviam essas tradições vindas das trevas de tempos remotos chegavam quase a esquecer que fora a própria Aulih quem, muitas vezes, quando estavam reunidos ao redor da fogueira, os arrancara do esquecimento. É verdade que os xamãs também costumavam usar fragmentos de mapa-mapa, mas a Velha Sábia era a única que sabia estabelecer a relação entre esses e muitos outros mitos — contando-os como se fossem simplesmente uma história que tinha acontecido ou como uma catástrofe à qual poucas pessoas sobreviveram.

Aulih sabia também que a maioria dos mamutes tinha sucumbido, vítimas da ira dos demônios e das conseqüências terríveis da luta entre eles. Além disso, naqueles tempos de escassez, esses animais eram o alimento básico mais cobiçado de um clã e até mesmo de toda uma tribo. Um só daqueles colossos garantia a sobrevivência por um ano inteiro. Valia a pena, portanto, passar luas inteiras espreitando e aprendendo os costumes e as trilhas do monstro para encontrar uma passagem estreita onde se pudesse construir uma fossa, fincar estacas pontiagudas no fundo e preparar pedras pesadas para atirar nele.

Tudo isso a Velha Sábia descrevia com detalhes pitorescos, como se ela mesma tivesse estado lá. O que mais impressionava os homens que faziam parte da audiência — ou seja, os caçadores — eram as descrições que ela fazia de métodos de caça. Pois certamente aqueles colossos antediluvianos não poderiam ser apanhados com emboscadas, cordas feitas com peles torcidas, ráfia ou outro tipo de material, ou com lanças e machados de pedra. Essas tentativas, aliás, já tinham custado a vida de muitos caçadores. Pretender esmagar um deles com blocos de pedra lançados do alto, por outro lado, parecia um delírio.

Caso se pudesse acreditar no que Aulih dizia — e quem teria ousado duvidar dela — , restavam apenas duas possibilidades que prometiam êxito: empregando-se grande número de caçadores, tições em chamas e gritos, seria possível fazer com que uma fêmea de mamute entrasse em pânico e acabasse sendo levada em direção a um desfiladeiro e à fossa. Com um macho agressivo tinha de se inverter o método. Era preciso irritá-lo com poucos caçadores, empreender a fuga e deixar-se perseguir por ele — naturalmente em direção à fossa, cuidadosamente coberta, onde o animal se precipitava, empalando-se nas estacas, com o peso do seu próprio corpo. Em seguida, era preciso acabar com o bicho, atirando nele grandes blocos de pedra.

Claro que às vezes acontecia de um caçador impaciente descer na fossa cedo demais, aproximando-se do gigante imóvel, que, aparentemente morto, rolava repentinamente sobre si mesmo e esmagava o agressor contra as íngremes paredes da fossa, ou o abatia com um último golpe de sua poderosa tromba. Assim — e isso Aulih também sabia — acontecera com um dos caçadores do Vale dos Mamutes, durante essa última caçada. E dessa vez não fora de maneira alguma o orgulho ou a impaciência que o tinham levado a agir de maneira precipitada. O fato é que naquela época toda a tribo tinha minguado até transformar-se num único clã, e mesmo este estava prestes a morrer de inanição.

Eles viveram da carne do último mamute por quase três anos, pois naquela época — mapa-mapa — há muito tempo não havia verão; o Demônio do Gelo mantinha a terra sob seu jugo. Lobos, raposas polares e ursos das cavernas dizimavam constantemente a caça, que se tornava cada vez mais medrosa e mais escassa. Esta se alimentava de líquens, musgos, folhas, e das frutas silvestres que surgiam esparsamente nas poucas semanas do ano um pouco mais ensolaradas. Entretanto, sob a superfície da terra, sobre as montanhas e nas ravinas, o Demônio do Gelo reinava durante todo o ano. Os homens aprenderam a tirar vantagem disso, pois cortavam a carne do mamute, deixavam que congelasse e a conservavam em covas geladas.

Muitas gerações vieram e se foram, e muitas vezes ainda a terra se revoltara, até que Isikeh, a esposa do Demônio do Gelo, aliou-se a Goah, a Mãe Terra. Goah apaziguou seu filho, o Espírito do Fogo, e Isikeh ludibriou seu marido, o Demônio do Gelo, dando-lhe uma bebida de bagas fermentadas que o fez dormir por muito tempo. Então, quando ainda o Pai Sol Hoh cegou com seus raios e derrotou sua adversária Otah, a Senhora das Sombras, o antigo ritmo da vida voltou, voltaram pouco a pouco as costumeiras estações, e até mesmo as estrelas e a lua reencontraram seu curso natural.

Quatro homens e seis mulheres, três varões adolescentes, duas meninas e duas crianças de peito formavam o clã de Aulih. Uma das mulheres era Aulikah, filha de Aulih. As outras tinham vindo de outros clãs, unindo-se a eles pelo casamento.

A Velha Sábia era a última sobrevivente da linhagem de irmãos da qual descendia o clã. Nessa época, Aulikah contava os verões de quatro mãos, que é como o clã do Vale dos Mamutes descrevia um período de vinte anos. Seu bebê, que de acordo com os conceitos atuais já era uma criança de um ano e meio, era carregado junto ao peito, numa espécie de faixa ou de bolsa de pele de raposa polar. Graças a uma oferta de alimento mais variada, propiciada pela paulatina melhora do clima, ele tinha boas chances de sobrevivência. Isso de maneira nenhuma fora sempre assim. A mortalidade infantil nessa terra tinha sido sempre muito alta. Quando a fonte de leite materno secava, restavam apenas alguns poucos alimentos apropriados para o organismo de uma criança pequena. Isso só mudaria com os grandes êxitos obtidos por Erec na caça.

Erec, o marido de Aulikah, era o melhor guerreiro não só do clã, mas certamente de toda a nação do Povo Oriental. Isso evidentemente tornava-o líder de seu clã. Com astúcia e perseverança ele conseguira não só abater renas mas aprisionar toda uma manada delas, amansá-las e fazê-las tomar parte no fluxo cotidiano da existência humana. Milhares de anos mais tarde se usaria para isso a palavra "domesticar". Há muito que o povo oriental tinha conseguido acostumar com a presença humana filhotes de lobo cujas mães tinham sido abatidas por caçadores; eles os criaram e os cruzaram e, por fim, tornaram-nos úteis como ajudantes na caça, principalmente na caça ao urso. Conta-se que, em épocas de necessidade, esses lobos amansados, que finalmente passaram a ser chamados de cães, tinham que servir como última reserva de alimento. Com o êxito obtido na domesticação das renas, Erec ampliou enormemente a base da alimentação. No início do ano, os bezerros machos forneciam carne tenra e muito bem-vinda, e as mães deles continuavam dando leite por muito tempo ainda. Mas o mais importante é que eles aprenderam a atrelar os animais a *tobogs*, trenós planos em forma de tigela, que entre o Povo Oriental eram construídos de madeira, grandes ossos, chifres e couro curtido, e que facilitavam muito a vida nômade que levavam em busca constante de novos campos de caça. A partir de então, um desses tobogs podia ser puxado por uma rena. Apesar do alívio que isso representava para o pesado trabalho que realizavam, parece que para as mulheres o mais importante era o leite de rena. Preparava-se uma espécie de papa nutritiva com sementes de grama esmagadas, as raízes raladas de certas plantas e frutas silvestres para acostumar as crianças pequenas, que desmamavam, ao alimento sólido, ou seja, basicamente, ao consumo de carne. Os conhecimentos da Velha Sábia, mãe de Aulikah, sobre os segredos das plantas e das ervas, tinham desempenhado um papel preponderante nesse processo.

Nas longas e estreladas noites de inverno, quando Hoh, o Pai Sol, tinha pressa em esconder-se, às vezes todo o clã se reunia num pequeno vale protegido das proximidades, para ouvir os relatos dos velhos à luz bruxuleante da fogueira. Nos últimos tempos, Erakah, a filha de Erec e Aulikah, quase sempre se acomodava no colo da avó e, com o rosto vermelho, punha-se a ouvi-la. Mas os outros também se deixavam fascinar por Aulih. Um dia ela era toda sonhos quando, o rosto voltado para Erakah, começou: — O mundo está sujeito a determinadas regras e uma ordem preestabelecida mantém tudo unido. A razão já não é mais suficiente para que possamos entender essa ordem; pois se é verdade que tudo tem uma razão, tudo tem principalmente um sentido que está além da razão. Para penetrar nesse sentido é preciso se deixar cair, afundar no mundo até que o mundo tenha engolido o pensamento e este deixe de existir. Somente umas poucas pessoas têm essa capacidade de sonhar, e eu acho que você, Erakah, pode vir a adquirir essa capacidade.

Ela então pegou um pedaço de lenha que tinha perto de si e o atirou ao fogo. Uma chuva de fagulhas ergueu-se e iluminou-lhe os olhos. Ela então prosseguiu: — Existe somente uma vida, e ela está em toda parte. Ela está em cada criatura, em cada árvore, em cada flor e em cada lugar. Você pode senti-la e você pode entendê-la.

— E então você pode conversar com o urso e também com a árvore. Ela também está no vento, no mar, nas nuvens. E assim todos estamos relacionados e podemos nos entender. Todos parecem diferentes aos nossos olhos, mas todos pertencem a essa Vida Única. Às vezes — ela prosseguiu — essa Vida Única toca as pessoas quando elas estão sonhando. Elas têm contato com outros seres vivos, com outros lugares, com outras coisas às quais se sentem ligadas. Todos vocês já tiveram um desses contatos; mas você, Erakah, vai conseguir fazer com que esse contato nunca se interrompa.

Ela então colocou as mãos sobre a cabeça da pequena e apertou-a com força contra o coração. Por um instante, ouvia-se apenas o crepitar do fogo. Eles permaneceram sentados, perdidos em seus pensamentos, até que Eschrok, o marido de sua amiga Eschah, levantou a cabeça e perguntou: — Se existe somente Uma Vida, por que então não sentimos todos da mesma maneira, e por que não estamos sempre em contato com Essa Vida?

— Porque quase sempre a razão se interpõe no caminho — disse a Velha. — As pessoas bloqueiam a capacidade de sonhar com a razão. Elas não acreditam nisso e se fecham à voz "do Todo Único". Se elas ouvissem o coração, então poderiam ouvir essa voz. Mas a maioria das pessoas primeiro precisa derrubar os muros que foram erguidos pela razão, para então poder olhar mais profundamente dentro de si mesmas. E são sempre muito poucos os que o conseguem. Além do mais, a maioria não quer. Custa-lhes muito trabalho; em vez disso, elas entopem a razão com coisas insignificantes. As outras criaturas conseguiram manter-se distantes das qualidades criadas pelo homem. Inveja, intrigas ou sentimentos de vingança, por exemplo, são características exclusivamente humanas.

Ela virou-se, buscou algo na bolsa de pele e tirou de lá dois objetos. Eram dois crânios escurecidos pela idade e pelo uso freqüente. Ela ergueu um bem alto e disse: — Isso foi um homem.

Ela então levantou o segundo e disse: — E isso foi um urso. Ambos têm dentes, e ambos têm os mesmos ossos, só as formas são diferentes. Eles têm dois olhos e um nariz. Quando você tira a pele de um urso, ele parece quase um ser humano. Esses dois seres vivos têm muitas coisas em comum.

— E esta é a regra básica: tudo é Vida. Segundo as tradições de nosso povo, todas as criaturas foram uma vez pó de estrelas. Todos foram formados a partir desse material. O Pai Sol Hoh nos deixou cair sobre a terra e insuflou-nos vida. Nós temos que ficar aqui o tempo necessário para aprendermos a ser felizes. E esse é um caminho muito longo.

— Para conseguir isso, nossas almas precisam peregrinar por muitos corpos. Só depois de encontrar o mais alto grau de felicidade é que podemos voltar ao céu e tornar-nos estrelas.

Ela então apanhou outro pedaço de lenha e o atirou nas chamas. Novamente uma nuvem de pontos luminosos ergueu-se no céu estrelado, transformando assim as palavras dela em mensageiros incandescentes entre os mundos. Dessa maneira, a alma do homem podia renovar suas forças durante a época escura do ano. Quando a primavera chegasse e ficasse mais claro, o Espírito da Grande Água enviaria seus mensageiros prateados, os rios e os riachos. Então, com o aparecimento dos salmões, essa necessidade tinha um fim. Além de proporcionar a carne rosada, o óleo dos peixes também fortalecia a saúde das crianças, de modo que resistissem melhor aos primeiros invernos, os mais críticos, e continuassem crescendo.

As semanas mais iluminadas e a conseqüente abundância de alimentos conseguidos quase sem esforço, faziam com que todo tipo de atividade humana adquirisse um ritmo febril, e portanto não é de admirar que à época da lua de duas mãos, surgisse também uma nova geração humana. A nação do Povo Oriental crescia, o número de clãs aumentava consideravelmente e, apesar da amplidão da terra, logo surgiram rivalidades pelos melhores campos de caça e lugares de pesca. Pois os invernos continuavam sendo longos e rigorosos. Em conseqüência disso, surgiam disputas e até mesmo lutas encarniçadas que deixavam uma série de mortos.

Apesar de todas as rivalidades e desavenças que havia entre eles, alguns xamãs chegaram à conclusão de que as coisas não podiam continuar assim. Eles começaram a realizar reuniões e encontros secretos para invocar os espíritos, e estabelecer um momento para acender o Grande Fogo do Conselho. Os enviados sondaram o clã e, finalmente, foram feitos contatos também com os chefes. Foi Erec, o marido de Aulikah e chefe do clã do Vale dos Mamutes, que num desses encontros levantou a voz e lembrou que, segundo o antigo costume, dois lugares eram sempre reservados para cada clã no Fogo do Conselho, um para o chefe e outro para o xamã. Como, entretanto, em seu clã não houvesse nenhum xamã, ele exigiu que Aulih, a Velha Sábia e Protetora do Fogo, assumisse esse lugar. Embora fosse o mais jovem dos chefes de clã, e alguns dos outros quisessem que sua pretensão fosse considerada absurda, a autoridade dele foi suficiente para que a maioria concordasse, ainda que, no íntimo, resistisse.

Mas então sucedeu com ele o que aconteceu com todos os novatos ao longo dos milênios. Os chefes, ao retornar aos clãs a que pertenciam, espalharam a notícia, e um simples fato se transformou em boatos, em seguida em calúnias e finalmente — atiçado pelas más línguas de alguns xamãs — em intrigas aniquiladoras. Schambuh, o porta-voz das intrigas, era um temido xamã com um queixo forte, pequenos olhos negros e sobrancelhas carregadas; da comissura de seus lábios pendiam ainda duas longas madeixas de barba grisalha. Enquanto outros xamãs só usavam o toucado ritual durante exorcismos ou outras situações semelhantes, Schambuh, cuja figura sem esse adorno era uma careta grotesca, não era visto praticamente nunca sem ele, já que além do mais ajudava a dar-lhe uma aparência imponente, pois na verdade tinha baixa estatura. Cochichava-se que alguns dos pedaços de ossos que chacoalhavam em ambos os lados da monstruosidade de pele tinham pertencido a um inimigo morto, alguém que ele tinha aniquilado por meio da magia. Quanto a seu chocalho mágico, não se tinha dúvida quanto à procedência, já que era impossível não reconhecer as formas características de um fêmur.

Schambuh, portanto, que normalmente interpretava e distorcia todos os costumes da nação de maneira fantasiosa — ou melhor, inescrupulosa — quando isso era vantajoso para suas pretensões de poder, de repente resolveu defender o "sagrado" costume da nação de que somente um homem tinha direito a um lugar no grande Fogo do Conselho. Isso ele fez principalmente com os chefes que tinham sido favoráveis à exigência de Erec, e que ele, com esse intuito, tinha convidado para uma Dança dos Espíritos. Quanto aos outros xamãs, ele podia ficar tranqüilo. E com sua Dança dos Espíritos, ele libertou os chefes do feitiço maléfico que tinha sido lançado sobre eles. Schambuh proclamou que Erec não fora o criador desse feitiço, mas talvez seu portador, e por essa razão ele precisava ser neutralizado pelo poderoso contrafeitiço dele, Schambuh. Caso contrário, Erec o espalharia ainda mais e acabaria por atrair terríveis desgraças para todo o Povo Oriental. Aqueles que ainda eram capazes de ver com olhos críticos essas profecias puderam avaliar como Schambuh tinha aprendido e desenvolvido bem sua atividade. O xamã naturalmente evitava mencionar o nome daquele que ele julgava ser o autor do "feitiço mau", mas mesmo assim todos sabiam de quem se tratava. E dessa maneira Schambuh sempre teria a desculpa de que suas sábias palavras tinham sido mal interpretadas, e que ele tinha em vista um outro responsável completamente diferente. Schambuh poderia ser considerado como o criador, ou pelo menos um dos primeiros representantes, daquela arte que mais tarde viria a ser chamada de "charlatanismo", e que nunca mais pôde ser erradicada.

Logo o clã do Vale dos Mamutes começou a sentir os efeitos daquela Dança dos Espíritos. Ocorriam ainda alguns contatos mais ou menos acidentais com alguns poucos clãs com os quais tinham laços de parentesco ou amizade, mas o isolamento aumentava cada vez mais. Mesmo assim, foi dessa maneira que eles ficaram sabendo que Schambuh tinha convocado um Grande Fogo do Conselho para apaziguar as disputas dentro da nação. A verdadeira razão, entretanto, parece ter sido excluir totalmente o clã do Vale dos Mamutes, que não tinha sido convidado para a reunião, e repudiá-los da comunidade da Nação Oriental, proscrevê-los, como se diria hoje. E, aparentemente, Schambuh tinha descoberto ou empregado uma receita que perduraria ao longo dos tempos, assim como seu charlatanismo: quando alguém que detém o poder não encontra outro recurso para enfrentar as dificuldades, a descrença e as contradições dentro de seus domínios, prega a unidade e projeta as energias de seus adversários e da opinião pública contra um inimigo externo, ainda que antes ele tenha que inventar ou provocar essa inimizade. Schambuh perseguiu o objetivo de neutralizar Erec com firmeza e odiosa persistência. Ele estava convencido de que essa era a única maneira de enfrentar e fazer calar o verdadeiro inimigo dele, a Velha Sábia. O afastamento do jovem chefe, seu genro, provaria a todos que a magia de Schambuh era superior à da Velha Sábia. E assim, no decorrer de algumas luas, ergueu-se ao redor da tribo do Vale dos Mamutes um sombrio muro de silêncio e de hostilidade velada.

A época dos dias longos e claros estava chegando ao fim, e Aulikah sentiu que em seu corpo começava a mover-se uma nova vida. Em outras circunstâncias, ela talvez tivesse ficado feliz com isso, já que se tratava de um sinal do amor de Erec por ela. Mas sua apreensão era mais forte. Esse estado de espírito era causado pelo longo silêncio de Aulih, sua mãe. Quando a boca de Aulih permanecia fechada, quando seu olhar ficava perdido no vazio, os lábios somente às vezes movendo-se em silêncio, então — isso achavam os outros — ela estava dialogando com os enviados de um outro mundo. A maior parte das informações que Aulih recebia nessas ocasiões permanecia em segredo. Mas ficar calada por tanto tempo, não tinha que ser um sinal de desgraça?

O próprio Erec, em geral um homem cordial, ainda que enérgico e seguro de si, parecia sentir com mais força a presença das sombras, tornando-se cada vez mais calado. Em seu rosto barbado podia-se notar uma cisma permanente. Alguns dos caçadores lhe faziam perguntas para as quais ele aparentemente não tinha nenhuma resposta. Assim, ele se afastou inclusive dos amigos, e freqüentemente saía sozinho com seus dois cães-lobo para caçar. Aulikah ficava mais tranqüila cada vez que o via retornar.

Justamente quando a lua cheia começou a minguar, Erec partiu rumo ao rio dos Ursos. Dessa vez ele não voltou. Não era incomum que um caçador permanecesse ausente por dois ou três dias. Mas quando o número de dias alcançou os dedos de uma mão inteira, não apenas Aulikah, mas todas as mulheres instaram para que os homens fossem à procura dele, e eles partiram na manhã seguinte. Eles encontraram o cadáver de um dos cães-lobo nas proximidades do rio dos Ursos e constataram que sua espinha dorsal tinha sido destroçada, não sendo possível determinar se pelas garras de um urso ou de outra maneira, uma vez que o cadáver tinha sido em grande parte devorado por animais de rapina. Mais tarde, eles se encontraram rio abaixo com alguns caçadores do clã de Schambuh, que com muita má vontade consentiram em informar que não tinham visto Erec. Tampouco tinham cruzado com as pegadas de um homem sozinho.

Três dias depois, frustrados e aflitos, os homens chegaram outra vez ao acampamento daquele verão. Seu relato provocou gritos de dor e desespero. Aulikah arrastou-se com sua dor para o canto mais escuro da choça, que era coberta de ramos e peles de animais. Somente Aulih, a Velha Sábia, acocorada diante da entrada da choça à luz dos últimos raios do sol poente, permaneceu calada. Um vento gélido infiltrou-se no vale, por cima das colinas próximas, arrastando consigo as folhas soltas dos arbustos. Ela ficou encolhida por algum tempo, tocando os joelhos com a testa. Quando voltou a se levantar, seu rosto enrugado parecia uma máscara. Com o olhar fixo, ela observava uma árvore nodosa. Um grande corvo que se encontrava lá em cima, imóvel, levantou vôo e, de maneira fantasmagórica, dirigiu-se ao céu do oriente onde, lentamente, as sombras do crepúsculo se acumulavam. Às últimas luzes do sol, os olhos redondos de Aulih brilhavam avermelhados. Não havia dúvida, era um corvo. Mas sua plumagem cintilava, branca como a neve recém-caída ...

III

Eu estava num outro mundo, a quinze mil quilômetros do rio Segóvio e há outros tantos anos do presente, em algum lugar na taiga da Sibéria Oriental, por volta do final da Idade da Pedra. Foi como despertar de um sonho, embora eu pudesse jurar que não tinha dormido nem um único minuto. As coisas já iam melhor com Jean; ele estava deitado a meu lado, em seu saco de dormir, e ressonava baixinho. O fogo já tinha praticamente se extinguido, só um par de raízes que tínhamos apanhado junto com galhos e gravetos ainda estavam em brasa, emitindo uma luz fraca sob as cinzas que fumegavam suavemente. Pensar nas aves aninhadas sobre a saliência rochosa me trouxe finalmente de volta à realidade. Revolvendo em nossa bagagem, retirei uma pá — não para uma de nossas escavações diárias, que quase sempre ocorriam de manhã, mas para cobrir com areia os restos fumegantes da fogueira.

Lá fora estava mais claro que na caverna; as estrelas eram ofuscadas pela luz da lua. Apenas o frescor do ar e o nível mais alto do rio lembravam ainda a tempestade da tarde anterior, que nos levara a filosofar. Mas será que tínhamos mesmo "filosofado"? Não teria sido mais uma espécie de fabulação? Ou será que os espíritos desse lugar tinham despertado nossa intuição, nos "inspirado", no sentido mais próprio da palavra? Meus pensamentos e sentimentos pareciam uma colméia de abelhas assustadas. Naturalmente, a coisa já tinha começado com a imagem da sombria entrada da caverna, à luz fantasmagórica dos relâmpagos. Em seguida, pensar em cobras e escorpiões, o lúgubre interior da caverna, os morcegos-vampiro ... Eu precisava de realidade, necessitava de fatos reais para livrar-me dessa teia de sonhos.

Tínhamos arrastado o bote de borracha o suficiente para que ficasse a salvo, mesmo que o rio subisse ainda mais. Por três vezes entrei na caverna com uma pá cheia de areia do rio para cobrir as brasas. E como com isso a última fonte de luz se apagasse, acendi minha lanterna de bolso e coloquei-a sobre o saco de dormir. O foco iluminava o rosto de Jean verticalmente, de baixo para cima. Com seus cabelos revoltos ele parecia um sátiro, um desses seres da mitologia grega com pés de bode. Era de enlouquecer. Mais que depressa, dirigi a luz da lanterna para o outro lado.

Justamente quando trazia a terceira e última pá de areia, uma nuvem passou diante da lua. Equilibrando a pá cheia, dirigi-me outra vez à caverna. Foi como se eu levasse um tapa. Não havia nem sinal de uma "porta do inferno". O que é que Dante Alighieri havia lido, gravado sobre a entrada do inferno? "Deixai toda a esperança, ó vós que entrais!" Eu quase me senti mal devido ao caos em que se encontravam meus próprios pensamentos. A "Divina Comédia" na floresta tropical nicaragüense! Que idiotice! Será que eu estava com febre?

Mas a impressão permanecia. Que loucura! Um baluarte de rocha a cada lado, a cunha cinzenta enfiada entre eles, a abertura que se ampliava lá embaixo, o mato nas fendas da rocha, e ainda por cima a desconcertante confusão de luz crepuscular e sombras — tudo isso não só se parecia com Schambuh, *era* o rosto do xamã, com seus olhos negros e penetrantes e uma boca sem dentes e muito aberta, emoldurada por duas madeixas de barba grisalha. E esse rosto era coroado pelo horrível toucado, de modo que a figura toda tinha o efeito de uma careta grotesca e ameaçadora.

Por um momento fiquei como enfeitiçado, e contive a respiração. As nuvens então voltaram a libertar a lua, e a fantasmagoria se dissipou. Aos tropeços, voltei com minha pá para a caverna e para meu bom e real amigo Jean. Ele, pelo menos, eu tinha a certeza que estava realmente ali. Mas o que é de fato a realidade? Tudo o que se pode "apreender", e portanto "compreender"? Pode-se apreender as coisas somente com os olhos. Somente as coisas? Ou também suas sombras? E o que mais há por trás delas? Existe algo mais? Eu tinha visto Schambuh. Será que eu deveria examinar meu estado mental?

Antes que alguém pergunte como dormi naquela noite, não farei mais nenhuma declaração.

Ainda meio adormecido, percebi o assobio de nosso valoroso Primeiro Cozinheiro, e logo em seguida despertei completamente com o impiedoso tinir de panelas e o cheiro de café. Então ouvi a voz arrastada de Jean:

— Como é que se faz uma coisa dessas? Você adormeceu diante de meus olhos, eu já estou em pé há meia hora, já aproveitei a manhã radiante que faz lá fora, e você ainda não começou a se mexer.

— O dilúvio! O que Aulih descreveu foi o grande dilúvio bíblico, enviado por Deus para castigar os pecados da humanidade. — Parecia ser a minha voz. Será que eu tinha realmente falado?

Jean ao menos me deu tempo de levantar e esfregar os olhos, já que a luz deslumbrante na entrada da caverna me ofuscava; ele então colocou a caneca de café sob meu nariz:

— Claro! — disse ele secamente. — Mas a história do dilúvio nos foi contada pelo velho Moisés, e durante a Idade Média ele foi muito enfeitado. A verdade é que a palavra "dilúvio" * deriva de uma raiz indo-germânica, e significa "enchente grande, generalizada". Ela não tem absolutamente nada a ver com pecados.

— Maldição! — praguejei, não contra os penetrantes conhecimentos acadêmicos de Jean, mas porque eu aparentemente tinha esquecido os meus, exatamente aquele que me faz saber que uma das qualidades do metal é a de ser bom condutor de calor e de eletricidade. Em resumo, eu tinha queimado os dedos com a bela e brilhante xícara de aço quando a segurei pelo bojo, e não pela asa. Esta também ficava quente, mas demorava mais.

— Nada de pecados, portanto — constatei, enquanto permanecia sentado como Buda sobre meu saco de dormir, tendo diante de mim a

* *Sintflut*, em alemão. (N.T.)

incômoda caneca de café. — Mas daí vem a luta de forças ocultas como a do Demônio do Gelo e o Espírito do Fogo!

— Ou entre o lobo Fenris e a serpente Midgard — disse Jean, referindo-se aos poderes das trevas na mitologia germânica. — Tudo isso são só interpretações diferentes para o mesmo acontecimento, que ficou gravado na memória primitiva dos povos antigos.

— Algo, portanto, que realmente aconteceu?

— É um bom começo.

Eu dei cuidadosamente o meu primeiro gole e em seguida expus o resultado de uma breve reflexão:

— Trata-se, portanto, de uma catástrofe natural decorrente de uma grande erupção vulcânica, de um maremoto, talvez do choque de um meteorito.

Jean estendeu a mão em direção ao pão e à geléia de laranja.

— Talvez, mas não é muito provável.

— O que você quer dizer com isso?

— Estou pensando no pólo magnético — ele explicou, sorrindo ironicamente para mim, que estava com cara de ponto de interrogação. — Você sabe, ele está lá no alto, ao norte do Canadá, a cerca de 75 graus de latitude norte, distante, portanto, 15 graus do norte geográfico, o verdadeiro ponto de rotação do eixo da Terra ...

— Isso perfaz exatamente 900 milhas náuticas, ou cerca de 1.650 quilômetros — calculei rapidamente, pois tinha devorado meu manual de navegação.

— Ora, muito bem! Jean pareceu ficar satisfeito com a minha interpretação, já que não notei na sua fala nenhum traço de ironia. — Mas, ainda assim, calcule a distância que se percorre, partindo de um ponto qualquer sobre o Equador, para dar uma volta na Terra, ou seja, no espaço de 24 horas.

— Não há muito o que calcular — retruquei, estando absolutamente certo do que eu dizia. — A Terra não é exatamente uma bola, já que é um pouco achatada nos pólos, mas podemos desprezar isso e comparar o comprimento de um meridiano com o do Equador. São portanto 360 graus vezes 60 minutos de arco, o que dá 21.600 milhas náuticas ...

— Ou 40 mil quilômetros, e isso em 24 horas. Ande, continue calculando!

Aí me faltaram as palavras. Engoli em seco. Jamais, em meus pensamentos, eu tinha chegado a esse ponto.

— Isso... isso é mais que a velocidade do som.

— 1,4 vez — disse Jean com precisão. — Nem mesmo o Concorde poderia manter essa velocidade. Nós giramos ao redor da barriga da Mãe Terra nesse ritmo infernal, pressupondo que estejamos nas proximidades do Equador. E aqui na Nicarágua não estamos muito longe dele. Você já imaginou a força centrífuga que resulta disso? Nós, pobres salsichinhas, seríamos arremessados ao universo se não fosse pela Mãe Terra ter tido uma idéia: ela colocou sua própria força de atração contra sua força centrífuga, e assim ela mantém unida sua superfície e, firmes sobre ela, nós. Poderíamos descrever isso como Patente Universal Nº 1.

A verdade é que Jean tinha me apanhado pisando em falso, mas de alguma maneira eu não estava disposto a admiti-lo. Agora eu conseguia imaginar aonde ele queria chegar.

— Como, portanto, as direções do seu eixo de rotação e de seu eixo magnético não coincidem exatamente, ela cambaleia um pouco como um pião que não foi lançado direito — eu disse, exibindo minha inteligência.

— Ou como uma roda mal-balanceada, que vai ficando ovalada — retrucou Jean, escolhendo um exemplo prosaico. — Agora você entendeu, como diria o professor Higgins.

— E é por essa razão que os eixos dela vêm oscilando há milênios — eu disse, mostrando o melhor do meu sarcasmo. — Ela deve estar tremendo só de pensar na próxima inspeção do Ministério. Veja só como é fácil explicar o dilúvio e todos os terremotos. — Mudei de tom. — Para mim já é suficiente, pare de bancar o burguês culto e volte ao que interessa! Por que você acha que o dilúvio não foi causado nem por explosões vulcânicas nem pelo choque de um meteorito?

— Bem ... — Jean vacilou um pouco, o que acontecia muito raramente com ele. — Naturalmente, houve explosões nas quais ilhas inteiras voaram pelos ares. A erupção do Krakatoa resultou em 36 mil vítimas, devastou metade da ilha, que fica na atual Indonésia, e as cinzas que lançou escureceram o céu durante anos. Desde então, fala-se de "efeitos crepusculares". Uma onda devastadora varreu todo o Pacífico, chegando a ser sentida até mesmo na costa americana. Outra erupção ocorreu cerca de 1.500 anos antes de Cristo, no Mediterrâneo Oriental. Presume-se que foi essa erupção que ocasionou o fim da cultura minóica em Creta. Até hoje erguem-se partes da borda de uma impressionante cratera na ilha de Santorin, e há uma teoria que associa essa erupção com o afundamento da lendária Atlântida. E, finalmente, a colisão de um grande meteorito na Sibéria Central deixou seus destroços num raio de centenas de quilômetros, extinguindo todas as formas de vida. A lista poderia continuar. Mas todas essas catástrofes, por mais terríveis que tenham sido suas conseqüências, restringiram-se a uma região e não tiveram uma repercussão mundial. No entanto, esse deve ter sido exatamente o caso do dilúvio, pois a lembrança dele está na memória de povos primitivos do mundo inteiro.

— E por que, então, passamos o tempo todo preocupados com o magnetismo da Terra, com a força centrífuga, e fazendo cálculos náuticos?

Depois do longo discurso que fizera, Jean estava se dando tempo, mastigando com prazer sua casca de pão com geléia de laranja. Numa atitude protetora, empurrou na minha direção a grande "bandeja de café da manhã", para que eu também pudesse me servir. Foi o que eu fiz, pois eu o conhecia há tempo suficiente para saber que um estóico como ele odiava ser pressionado. Quando empreendia espontaneamente uma tarefa, ele a executava de maneira metódica e com a tenacidade de um buldogue. Eu, portanto, ataquei a viscosa geléia de laranja e dei a ele um tempo. Com toda a calma do mundo, ele encheu sua xícara com o café da cafeteira, em seguida pegou um galho e começou a revolver a areia que eu tinha jogado sobre a fogueira à noite. Imediatamente elevou-se no ar um fio retorcido de fumaça cinzenta.

— Aí está — disse de modo lacônico, enquanto acendia seu cigarro matinal. Você retirou o ar da fogueira e com isso apagou as chamas. Mas você transformou a fogueira em um braseiro. Ali... dê uma olhada!

Ao ser revolvida, a primeira coisa que a areia revelou foram cinzas brancas. Mas logo em seguida, apareceu algo como carvões em brasa, e com a entrada de oxigênio já começavam a surgir as primeiras chamas.

— O clã do Vale dos Mamutes já devia conhecer alguma coisa sobre isso — eu disse.

— Com certeza, e algo parecido faziam ainda, há poucas décadas, tribos de aborígines da África Oriental. Eles aqueciam seus "altos-fornos" de barro com carvão de madeira e derretiam o minério para obter ferro, com o qual forjavam pontas de lanças e de flechas. Mas nós queríamos chegar ao ponto que nos interessa, e no fundo estamos quase lá. Brasa e gelo... evidentemente eles formam o rastro que nos levará ao segredo do dilúvio ...

Formulações pitoresco-dramáticas eram o forte de Jean; elas nunca deixavam de exercer seu efeito sobre mim. Eu, portanto, o perdoei de bom grado enquanto ele dava duas tragadas em seu cigarro, e esperei ansioso pela continuação.

— Pense numa geladeira antiga — ele me enganou, começando sua explanação com um comentário banal. — Uma dessas que ainda não descongelavam automaticamente. Simplesmente deixe-a quieta por uns dois meses. Então, quando você a abre, descobre que o conteúdo congelou, formando um bloco de gelo praticamente maciço. E você não consegue nem imaginar como tanta água foi parar lá dentro. Frio e gelo desenvolvem uma dinâmica própria. Eles como que atraem o ar, retiram toda umidade dele e o liberam em troca de mais ar, fresco e úmido, num ciclo sem fim. Existem duas dessas geladeiras, gigantescas, nos pólos da Terra. Você ainda se lembra que a capa de gelo chegava até a Europa Central no norte e, ao sul, até a Patagônia? Nós sabemos que as massas de água que se acumularam ali fizeram com que o nível do mar chegasse a baixar mais de cem metros. Dois terços da superfície da Terra estão cobertos de água. Imagine esse peso, essa pressão! A Mãe Terra rangia e gemia sob o peso dessas capas. E além disso, seu núcleo, constituído na maior parte por níquel e ferro, continuava incandescente, assim como a camada de magma que o recobre. Até mesmo na crosta endurecida do planeta havia por todas as partes chaminés, caldeiras e correntes de pedra incandescente e líquida, ou seja, de lava. Além disso, a crosta rígida, mesmo sob os oceanos, que não era, fazendo uma comparação, mais espessa que a casca de uma laranja, era elástica, e não estava exatamente ancorada em nenhum ponto do subsolo. Some-se a isso os colossais deslocamentos de peso e as imensas energias que acabamos de mencionar. Em suma, em algum momento, o espartilho da Mãe Terra arrebentaria. A palavra mágica é "deslocamento da crosta terrestre". Essa é a idéia fundamental de uma teoria que, já nos anos 30 deste século, contava com Albert Einstein entre seus defensores. É claro que as grandes placas tectônicas sempre estiveram em movimento, e continuam se movendo até hoje. Mas trata-se, nesse caso, de talvez uns poucos metros em mil anos. Naquela época, ao contrário, cada solavanco devia liberar tensões inimagináveis. Assim, as conseqüências foram aquelas descritas por Aulih, a Velha Sábia. E sua descrição foi muito boa. As bordas do Oceano Pacífico estão debruadas com cadeias de vulcões até hoje. Elas vão da Terra do Fogo ao Alasca, das Aleutas, passando por Kamtschatka, Sachalin e o Japão, até as Filipinas e, passando pelas ilhas Sunda e a Nova Guiné, até a Nova Zelândia. Como se isso não fosse suficiente, vários canais e fossas abissais localizados nesse arco correm o mesmo risco que essas costas e ilhas, cuja formação ainda não está concluída. Essa, portanto, deve ter sido a causa primordial dos dilúvios mitológicos que afetaram todo o globo terrestre. Talvez um deles tenha exterminado os grandes Sáurios e muitas outras formas de vida. Entretanto, algumas espécies de primatas, que tinham se desenvolvido ao longo de milhões de anos, sobreviveram graças à sua capacidade de adaptação, entre eles os antepassados do homem. E assim, há uns dois milhões de anos, a razão, junto com o instinto, surgiu como novo fator determinante dos rumos da evolução. Na história do desenvolvimento desse ser, ocorreram outras catástrofes, que na memória coletiva das várias raças fundiram-se em um grande desastre, o Dilúvio.

Fiquei calado por longos minutos. Não me ocorria absolutamente nada que pudesse dizer. E, assim, meu silêncio era um sinal de respeito diante da imagem grandiosa que Jean tinha evocado com suas palavras.

No meu entender, não restava qualquer pergunta por fazer. Eu só descobriria mais tarde o quanto estava enganado. Tomei meu café em silêncio e, quando Jean se levantou e saiu, eu o segui e simplesmente coloquei a mão sobre seu ombro. Tenho a certeza de que ele percebeu o que isso significava.

IV

A tempestade fez com que cancelássemos o nosso cronograma. Em condições normais, nossa excursão do dia anterior nos teria levado um bom pedaço rio acima, terminando com o pernoite na barraca. Então, teríamos tido a oportunidade de explorar a região durante toda a manhã e, ao final da tarde, já estaríamos de novo a bordo. Mas tal como as coisas estavam agora, antes de partir rumo ao interior, tínhamos vontade de voltar ao barco e preparar uma refeição na cozinha de bordo. Demos a partida no motor de popa do bote de borracha uma hora depois de terminar o café da manhã.

Quando estávamos passando pelos manguezais na desembocadura do rio, observamos que o nível da água tinha baixado consideravelmente desde a noite anterior: a lamacenta marca da água nas raízes dos mangues atingia pelo menos três palmos de altura. Ao calor do sol da tarde, elas se transformavam a olhos vistos numa crosta de lama salgada. Aqui, portanto, já se sentia o efeito da maré.

Um pouco mais tarde, a superfície de água se ampliou, e nosso bote começou a registrar os golpes rítmicos da marejada. Daí já se podia ver a espuma da arrebentação na barreira de recifes. Tínhamos deixado o Yawl sob a proteção dessa barreira, e lá estava ele ancorado, em paz e ileso. Atrás do veleiro, em diagonal, distante não mais que uma milha, descobrimos dois barcos simples, tal como são os barcos usados nessas costas. Jean recorreu aos binóculos e explicou:

— Três pescadores trabalhando. É melhor abordá-los e ver se conseguimos algo de comer para a Grande Frigideira.

Peixe recém-pescado era certamente algo muito melhor que as conservas da nossa despensa. Por essa razão, aproveitávamos essas oportunidades sempre que se apresentavam, e por experiência sabíamos que os pescadores nativos eram hábeis não somente na captura dos peixes, mas também em limpá-los; o preparo final tornava-se então um prazer que exigia pouco esforço.

Parei a sotavento dos barcos e a uma distância segura, já que nunca se sabia se, e onde, os pescadores tinham estendido suas redes. Eles eram mestiços, dois homens no barco maior e um jovem índio numa minúscula canoa feita de um só tronco, com uma quilha. Eles olhavam para nós, em expectativa.

Jean acenou para eles e começou a falar num espanhol repleto de expressões inglesas, que era a língua corrente de grande parte do Caribe. Eu entendia quase tudo, e em caso de necessidade também podia me fazer entender, mas jamais tão fluentemente e sem esforço quanto Jean. Por essa razão, eu me limitava ao papel de ouvinte.

A negociação começou em seguida. O pescador mais velho, um homem grisalho, queimado de sol, levantou pelo rabo uma perca que ainda se debatia, e depois de um curto regateio, nós a compramos. O pescador inclinou-se, e com um golpe, o manejo rápido do facão, as tripas e escamas da perca estavam voando sobre a borda. Evidentemente, esse procedimento servia ao duplo propósito de alimentar outros peixes e de atraí-los para a área coberta pela rede. Finalmente, o jovem aproximou sua pequena canoa a golpe de remo, e a perca limpa e uma nota de Córdobas amarrotada trocaram de mãos, aparentemente para contentamento de ambas as partes.

O comércio amistoso inspira confiança. Jean valeu-se disso para entabular conversa e perguntar aos homens se desde a noite anterior tinham visto alguém nas proximidades do iate. Eles negaram, balançando a cabeça, embora pudéssemos notar sua insegurança. Jean ficou sabendo depois, e isso foi comprovado, que pela manhã o jovem remara até nosso barco, e em seguida fora até eles — apavorado e angustiado. Ele vira perto do barco a barbatana dorsal de um grande tubarão, mas o que mais o amedrontou foi um quadro pendurado num mastro, certamente um sinal do diabo, e finalmente um grande pássaro branco e desconhecido que estava pousado sobre o convés, como se fosse um vigia de olhos faiscantes. Até a barbatana de tubarão eles confirmaram tudo, como se tivessem estado lá em pessoa. Por essa razão, eles se afastaram rapidamente e só ali, a uma distância segura, tinham começado a pescaria.

A história parecia ter acabado ali, mas depois de uma pausa os outros pescadores, que até então tinham permanecido calados, algo envergonhados, ou sentindo-se um pouco culpados, acrescentaram:

— E em toda a laguna nós jamais tivemos uma pescaria tão farta como esta manhã, *Señor*.

— *Muy bien*, me alegro por vocês. — Jean agradeceu com um aceno. — *Muchas gracias*, pescadores!

Eu dei a partida no motor de popa e acelerei a toda velocidade. Jean perdeu o equilíbrio e estatelou-se sobre o banco. Ele começou a praguejar assim que conseguiu erguer-se e encontrar um lugar onde se segurar.

— Oh!, que diabos está acontecendo com você? Você quer me jogar no mar para que eu sirva de ração para os tubarões? Por que você fez a curva desse jeito?

— Desculpe, amigo! — Eu precisava gritar devido ao vento e ao ruído do motor. — Não fiz por mal! Só que eu não quero perder o Corvo Branco.

— Você não quer o quê? — Ou Jean não tinha me entendido, ou não estava acreditando no que ouvira.

— O Cor-vo Bran-co ... — soletrei aos berros.

Meu amigo Jean jamais tinha arregalado os olhos para mim daquele jeito. Seus longos cabelos loiros revoluteavam por sua cara, a boca entreaberta, mas sem falar nada. Não pode ser que minha brincadeira tivesse sido tão ruim assim. Seria mesmo uma brincadeira? foi o pensamento que imediatamente me passou pela cabeça. Ou será que Jean achava que não se deveria fazer piadas com o Corvo Branco? Seria para ele como blasfemar contra Deus, ou nesse caso, contra os Espíritos?

A pergunta ficou sem resposta. De um golpe, Jean se virou e olhou para a frente, em direção ao iate. O grande pássaro branco sobre a proa era um pelicano, isso dava para perceber a uma centena de metros de distância. Ele se asseava comodamente enquanto, em marcha lenta, nos emparelhávamos com o iate a sotavento. Era de se presumir que ele também fizera uma boa pescaria naquela manhã, e procurara um lugar tranqüilo para fazer a digestão.

Subimos a bordo. A primeira coisa que fiz foi soltar as amarras que fixavam a funesta "imagem com o sinal do demônio" ao mastro principal do Yawl. Ela tinha sido pintada por um amigo de Nova Orleans, pintor de profissão e viajante por paixão, pretensamente descendente em linha direta de Jacques Lafitte. Era assim que ele assinava seus quadros. Entretanto, diziam as más línguas que vinte anos atrás havia sido emitido, em outro Estado americano, um mandato de captura que trazia, de fato, a imagem do amigo Jacques, mas com um nome completamente diferente.

— Ora — Jacques costumava responder quando lhe perguntavam sobre esse assunto. — Um estúpido mal-entendido. Mas ele inclusive aumenta o valor de mercado dos meus quadros. Por que eu iria me preocupar com isso? Todo grande artista tem uma lenda.

O quadro tinha me custado uma farta refeição à base de lagosta e uma garrafa de vinho tinto de primeira. Ele estava pintado de ambos os lados, e isso porque seu intuito era manter os visitantes indesejados longe do iate de Jean durante nossa ausência. Eu o dera de presente de aniversário, e todos os anos Jean invariavelmente me contava a impressão deixada pelo quadro nos portos que iam de Miami a Ambergris Caye.

Jacques Lafitte se esmerara no trabalho, na composição, no texto — uma mistura de três línguas — na escrita diabólica e, muito especialmente, nas horríveis cores. Por essa razão, não é fácil descrevê-lo, e o texto, principalmente, já me deu muitas dores de cabeça. Apesar disso, tentarei transcrevê-lo de modo a torná-lo compreensível:

ATENÇÃO, CÃO BRAVO E PERIGOSO
NÓS SÓ FOMOS AQUI PERTO BUSCAR ÁGUA FRESCA.
PERIGO DE VIDA! — PROIBIDA A ENTRADA —
ATÉ A NOSSA VOLTA!
DEPOIS DISSO OS VISITANTES SERÃO BEM-VINDOS.

THE FILIBUSTERS UNLIMITED

E para mostrar a todos os analfabetos e pessoas de pouca formação que um flibusteiro era um pirata do Caribe, ele tinha pintado à esquerda um pirata caolho e descalço, brandindo um sabre, com tapa-olho e bigode marcial, e à direita um buldogue pondo à mostra suas presas assustadoras. Ambos estavam guarnecidos de balões cujo texto eu me abstenho de mencionar. No alto, de qualquer maneira, flutuava uma bandeira de piratas com uma horripilante caveira.

Entretanto, em algumas marinas Jean já não exibia mais o escudo, pois em vez de assustar, acabava ocasionando um animado fluxo de turistas na prancha, e algumas vezes, quando estava um pouco alto, alguém inevitavelmente perguntava onde ele tinha conseguido aquele tipo especial de água fresca. E quem é que se deixa gozar dessa maneira por própria culpa? Aqui, no entanto, diante da costa da Nicarágua, o escudo evidentemente havia prestado bons serviços. E, exatamente como acontece com todas as boas pinturas clássicas, seu valor aumentava à medida em que ia ficando mais conhecido. Talvez, um dia, ele pudesse ser leiloado na Sotheby's de Londres. Os balões de fala eram realmente únicos. Se eu me lembro bem, eles tratavam da amputação, não exatamente por um especialista, de determinadas partes do corpo ...

Certamente é compreensível que esses pensamentos me enchessem de uma certa alegria. Por outro lado, a calma pouco usual que emanava de Jean me dizia que alguma coisa não batia. Portanto, em seguida tratei de limpar o convés dos detritos deixados pelo gordo pelicano, lavando-o com baldes de água do mar. Foi então que constatei algo estranho: havia dois tipos de detritos, um do pelicano, e outro de alguma espécie que não se alimenta exclusivamente de peixes. Então descobri uma pluma branca que tinha ficado grudada numa canaleta próxima ao gancho que servia para prender o bote. Ora, eu não sou nenhum especialista em pássaros, mas aparentemente aquela pluma não pertencia a nenhum pássaro marinho parecido com um pelicano, uma gaivota ou um cormorão.

A novela recomeçou. Os nativos não tinham falado de um "grande pássaro branco desconhecido" mencionando ainda "olhos faiscantes"?

Eles certamente teriam reconhecido imediatamente alguma das aves marinhas comuns na região. A que, portanto, eles estavam se referindo?

Enxuguei a pluma e guardei-a no bolso da camisa. E lá estavam eles outra vez agarrando-me pelo pescoço, esses pensamentos e sentimentos idiotas. Em plena luz do dia. E dessa vez eu mesmo os tinha provocado com minha conversa sobre Corvos Brancos. Eu tinha que conversar claramente a respeito disso com Jean, precisava explicar-lhe, até onde me fosse possível, e talvez desculpar-me pela superexcitação da minha fantasia. Mas talvez fosse melhor esperar até depois do almoço.

Desci para a cozinha de bordo e comecei com os preparativos. A boa comida sempre foi muito apreciada em nosso barco, o que naturalmente se notava, em primeiro lugar, pelo equipamento com que dotáramos a cozinha, o que sempre me incentivava a experimentar algo novo. Como no mar não há supermercados nem mercearias, nós sempre mantínhamos um sortimento completo de temperos e ervas. E o mar nos fornecia regularmente iguarias que fariam o coração de qualquer bom cozinheiro bater mais rápido.

A perca realmente tinha acabado de ser apanhada, o que se notava à primeira vista pelos olhos transparentes e as guelras de um vermelho-escuro. Depois de aquecer o forno, cortei a carne em filés e, em seguida, em pedaços mais ou menos iguais, temperando-os com sal, pimenta e um pouco de suco de limão. Depois, refoguei rapidamente um alho-porro em três colheres de sopa de manteiga, coloquei os filés de perca, acrescentando ainda meio litro de caldo de peixe que estava na geladeira. Então, tudo foi colocado por doze minutos no forno, que a essas alturas estava aquecido a uma temperatura de 150 graus.

O próximo passo foi tirar o peixe do forno, deixando-o à parte. Agora era a vez do molho. Acrescentei um oitavo de litro de vinho branco e uns vinte gramas de mostarda em grão ao caldo de peixe, e o deixei cozinhando em fogo brando até que se reduzisse à metade.

Agora a base do molho estava no ponto certo. Acrescentei uma colher de sopa de mostarda de Dijon e três colheres de sopa de creme de leite, que pode ser facilmente congelado e quase não perde qualidade ao descongelar devido a seu alto teor de gordura. Corrigi o sal, a pimenta e o limão e tirei a tampa da panela. Faltava ainda acrescentar um quarto de litro de creme de leite batido, mas isso eu só faria um pouco antes de servir.

Agora precisava das nossas duas frigideiras. Na nossa despensa, havia conservas naturais de cenouras já cortadas. Para as batatas cortadas em fatias, eu precisava de um pouco de azeite de oliva, uma cebola e alecrim. Elas então se preparavam praticamente sozinhas: bastava virar as fatias de vez em quando e temperá-las com sal e pimenta no final. Quanto às cenouras, eu tinha um método todo especial. Elas eram aquecidas com uma colher de sopa de manteiga e outra de açúcar, além de um pouco de conhaque, e precisavam ser mexidas o tempo todo, até que o açúcar estivesse em ponto de caramelo.

O aroma apetitoso invadiu pouco a pouco o interior do barco, e aparentemente podia ser sentido do convés, pois repentinamente Jean estava a meu lado. O suave gorgolejar que emanava dele provinha, sem sombra de dúvida, de seu estômago.

— Já está quase pronto — eu disse sem interromper minha atividade culinária. — Você já pode se servir quando quiser.

— Está com uma cara ótima! — respondeu reconhecido. — A verdade é que eu estou com uma fome de urso.

A pressa com que ele levou para cima a bandeja com a louça provava o que acabara de afirmar. Minhas fatias de cenoura tinham atingido a perfeição, as batatas assadas também estavam prontas; faltava apenas bater o creme de leite e acrescentá-lo ao molho. Eu então fui buscar de volta a bandeja para servir a comida. Enquanto Jean abria uma garrafa de vinho branco, guarneci o peixe já servido nos pratos com as fatias de cenoura caramelizadas, acrescentando algumas fatias de batatas douradas e dando o acabamento final com um pouco de molho. Eu então admirei mais uma vez minha obra, e vi que era, de fato, muito boa...

Comemos sob a cobertura do convés, na sala de estar, que ficava na parte de trás do barco. A perca e os acompanhamentos estavam realmente deliciosos. Os elogios que eu esperava receber de Jean não vieram em seguida, ou melhor, consistiram em sua silenciosa devoção. Até que ele ergueu sua taça de vinho para um brinde. E mesmo então ele pronunciou apenas duas palavras:

— De primeira ...

Peixe dá sede, e nós naturalmente estávamos bem descontraídos depois de três taças de vinho.

Eu então me encarreguei da louça na cozinha e terminei de limpar e arrumar o barco. Essa era a divisão de tarefas que tínhamos a bordo; trocávamos de turno a cada semana. Quando finalmente subi a escada, tive a impressão de que Jean estava me esperando.

— De onde, afinal, você tirou o Corvo Branco? — ele me perguntou diretamente, o que não era típico dele.

— Por que essa pergunta — eu murmurei perplexo. — Se foi você que me contou essa história ontem à noite e me deixou com a pulga atrás da orelha?

— Eu não contei nada! Terminei em algum lugar entre Schambuh, seu feitiço mau e a Dança dos Espíritos. Foi aí que você caiu no sono. Eu já lhe disse isso hoje de manhã, quando você acordou.

— É verdade ... — concordei, pois imediatamente me lembrei do que ele tinha me dito. — Mas ontem à noite, ou nesta madrugada, você deve ter continuado, e eu, mesmo sonolento, devo ter acompanhado a história.

— E eu falei enquanto dormia — disse Jean mortalmente sério, com a clara intenção de zombar de mim. — Cara, eu não sou esquizofrênico! Sei exatamente onde parei. É por isso que eu queria perguntar se você chegou a acompanhar a história de Schambuh, para retomar o fio da narrativa no ponto em que parei.

A verdade é que eu me sentia como um bailarino sonâmbulo, e por isso hesitava. Mas a única coisa a fazer era tratar de desatar esse nó.

— E como é que então eu sei que Erec não voltou de sua excursão de caça ao rio dos Ursos? — acabei perguntando calmamente. — Que os caçadores encontraram apenas um de seus cães-lobo com a espinha destroçada? E, finalmente, que Aulih, a Velha Sábia, ficou olhando para o Corvo Branco com expressão pétrea?

— Isso... isso não pode ser — gemeu Jean. — Isso é impossível. *Eu* não lhe contei isso.

— Essa história é *sua*? Ou como sempre você a leu, ouviu ou ficou sabendo, de maneira que eu também pudesse ter ouvido?

O rosto de Jean tinha uma expressão sombria. — Maldição! Agora a coisa está ficando fantástica demais para mim! Essa história ainda não existia ontem de manhã. Ela só me ocorreu durante a nossa conversa na caverna, de forma quase espontânea. Ou você está querendo dizer...

— Jean, eu não estou querendo dizer nada — eu o interrompi, tentando tranqüilizá-lo. — Eu só estou procurando uma explicação. É claro que nós dois estamos em nosso perfeito juízo. Se houvesse qualquer dúvida quanto a um de nós, então no máximo seria quanto a mim. Mas existe aí uma contradição, uma lacuna que ainda não foi esclarecida. Ou vamos nos contentar em dizer que há mais coisas entre o céu e a terra do que sonha a nossa vã filosofia?

Jean se levantou e desapareceu no interior do barco. Ele voltou com um Havana da loja de Joe, em Ambergris Cay, aceso. Eu não saberia dizer qual recurso ele utilizava mais para meditar, se fumar os charutos, fazer um movimento ou simplesmente um intervalo.

— Quem pode saber? — perguntou, enquanto se sentava e esticava as pernas. — Talvez elas existam mesmo, essas "coisas", uma outra dimensão da existência que não é acessível a nós, ou simplesmente vozes que só conversam conosco através de símbolos e de sinais.

— Enviados do "Grande Regente"? — eu perguntei, duvidando.

— Por que não? Quase todos os profetas afirmam que tiveram "visões", ouviram vozes, receberam instruções.

— Isso afirmam também os xamãs e os sacerdotes do vodu.

— Em todas as épocas, existiam também falsos profetas. Mas é claro que só isso não representa uma prova contra a existência dessas coisas.

— Tanto esforço por causa de um mero lapso de memória? — desviei o rumo da conversa de volta para o tema em questão.

— Mas eu adormeci logo depois de você, e só despertei hoje de manhã.

— Você está querendo dizer que nós dois passamos a noite toda dormindo calmamente? E como é, então, que a fogueira estava coberta de areia hoje de manhã? Teriam sido duendes? Fui *eu*! Talvez você tenha acordado e nós dois, bêbados de sono, continuamos conversando. Você acha assim tão estranho o fato de não nos lembrarmos de todos os detalhes?

Nós ainda discutimos por uns quinze minutos, sem chegar a nenhuma conclusão. Jean continuou insistindo teimosamente que não tinha contado a última parte da história, e eu podia provar para ele que a sabia, já que as imagens tinham ficado gravadas na minha memória. A lacuna persistia. Os argumentos contra e a favor eram equivalentes. Cheguei mesmo a imaginar provas para ter um trunfo e levar a melhor, mas evitei fazer isso. Não com um amigo, e não com alguém tão sério e sincero como Jean. O que mais me incomodava era a pergunta decisiva: como era possível sonhar com a história de uma outra pessoa, sem nunca tê-la ouvido antes. Ele pareceu, finalmente, inclinar-se para essa hipótese, simplesmente porque não havia nenhuma outra resposta, não quando se tinha tanta certeza quanto ele.

Desisti de apontar outras contradições, e não disse nem uma palavra sobre o fato de a horrível imagem de Schambuh ter aparecido para mim lá fora, diante da caverna. Eu o deixei com a sua convicção, mas não acreditei naquilo nem por um segundo. Nosso acordo era um exemplo perfeito daquilo que se costuma chamar de falso compromisso. Mas Jean parecia estar satisfeito com isso, e eu aproveitei sem pudor a progressiva melhora de seu estado de ânimo, pedindo-lhe que trouxesse novamente à vida o clã do Vale dos Mamutes. O sol ainda não tinha alcançado seu ponto mais alto; portanto, tínhamos tempo de sobra antes de sair para nossa excursão pelo interior.

V

Era uma época de aflição, de luto, em que as esperanças se desvaneciam. Todo o clã pensava em Erec, mas ninguém falava a respeito. A nação do Povo Oriental tinha certos costumes e rituais, mas eles só eram celebrados — na maior parte das vezes com a participação de um xamã — por ocasião do enterro de um morto. Mas estaria Erec realmente morto? Ou será que Otah, a Senhora do Mundo das Sombras, o tinha simplesmente capturado, talvez para encarregá-lo de alguma tarefa que o teria levado a outro mundo?

No final do Paleolítico, portanto, durante a jovem Idade da Pedra Antiga, traduzindo literalmente a imprecisa terminologia científica, muitas culturas já tinham concepções desse tipo. Elas se manifestavam no tipo de sepultamento, nos objetos fúnebres, e até mesmo nos locais onde os ossos eram depositados. Já naquela época, os rituais serviam para aliviar a dor, dar apoio, reforçar uma crença ou interiorizar uma determinada concepção. Concepções estas sobre cujo conteúdo de verdade no mínimo não se tinha muita certeza. E assim, esses ritos eram, e são ainda hoje, uma manifestação, em sua maior parte inconsciente, da dúvida, quando nos defrontamos com o maior de todos os enigmas: a questão do sentido e da continuação da vida.

Sigmund Freud, o fundador da psicanálise, afirmou uma vez, de maneira provocadora, que aquele que pergunta pelo sentido da vida está doente — psiquicamente doente. Com isso ele encontrou uma confirmação de como o homem imagina a si mesmo, ainda que sua tese se refira, na verdade, ao inconsciente e ao "estado primitivo" natural do ser humano, que ainda não "adoeceu" com a civilização. Mas o mais importante: com isso ele nem respondeu à pergunta, nem erradicou-a do mundo.

Os corvos desempenhavam um papel transcendente, místico, na consciência não só da nação do Povo Oriental. Eles não estavam subordinados a nenhum dos muitos espíritos e demônios, mas estavam em contato com eles e, inclusive, a serviço deles — como enviados ou portadores de segredos que não podiam ser desvendados e que eram, quando muito, pressentidos. Um corvo totalmente branco só podia ser o portador de um grande mistério; devido à sua cor, talvez até mesmo um portador de esperança.

Aulih jamais falava se a aparição estava relacionada com essas idéias. O corvo branco voltou — dois, três dias, e sempre na hora do crepúsculo. No dia seguinte, as duas meninas crescidas do clã criaram coragem; elas apanharam um naco de carne de castor gigante, uma apreciada presa de caça, cortaram-no em pedaços pequenos e os dispuseram de maneira a que ficassem bem visíveis sobre uma pedra. Elas então se acocoraram junto à Velha Sábia, em frente à entrada da choça.

O corvo branco apareceu — agora já era a quarta vez — perto da hora do crepúsculo, e pousou no ramo nodoso, ficando ali, entretanto, apenas por alguns instantes. Ele saltou e desceu, quase sem abrir as asas, pousando sobre a pedra e começando logo a comer, como se já contasse com uma refeição como aquela — ou seria uma oferenda?

As meninas, provavelmente muito longe ainda desses pensamentos, gesticulavam e soltavam risadinhas excitadas. O grande pássaro não se deixou perturbar uma única vez. Só depois de terminar de comer, quando as meninas quiseram aproximar-se sorrateiramente, ele levantou vôo, descreveu um círculo sobre a choça e voltou a pousar sobre o mesmo ramo. Ali ele permaneceu imóvel, até que o crepúsculo cedeu lugar à noite. Então ele voou, afastando-se com seu bater de asas silencioso.

O Pai Sol Hoh tinha se cansado durante essas semanas de verão, e sua trajetória no céu era cada vez mais baixa. E como sempre acontecia nessa época do ano, sua adversária Otah aproveitava-se disso e cobria o mundo com suas sombras mais cedo. A princípio parecia que era somente a preocupação com o inverno que se aproximava o que levava Aulih a estimular incansavelmente todo o clã. Enquanto os peixes ainda podiam ser apanhados facilmente, oferecendo alimentação quase sem esforço, era preciso assegurar as provisões para a estação fria. Os homens, portanto, empenhavam-se para encontrar mais caça. Cortar e secar a carne era tarefa das mulheres e das meninas crescidas, assim como a coleta de certas frutas silvestres muito especiais. Era preciso moer e amassar carne seca, sebo, gordura e frutas silvestres. Aulih vigiava com olhos de falcão, para que todos os ingredientes estivessem na proporção correta. Ela então trazia para fora o grande saco com frutas amargas e certas folhas, que ela costumava juntar, secar ao fogo e defumar durante a primavera. Tudo era moído até virar pó, que ela misturava à parte que já estava preparada, amassando tudo cuidadosamente até formar bolos. Algumas dezenas de pedras selecionadas eram dispostas num lugar ensolarado, os bolos eram novamente postos para secar sobre elas, sendo virados regularmente. Eles chamavam o resultado desse trabalho de "pam". Esse nome e a receita de seu preparo eram uma daquelas tradições que Aulih, a Velha Sábia, tinha conservado, assim como muitas outras experiências das gerações anteriores, e que agora ela transmitia à posteridade para garantir a sobrevivência do clã.

Somente quando Aulih começou a pressionar insistentemente para que os tobogs fossem consertados, e que se construísse mais dois daqueles trenós em forma de tigela, é que ficou claro para os homens que ela não estava preocupada apenas com o aprovisionamento de alimentos para o inverno. Além disso, havia ainda os cuidados que a Velha Sábia dispensava ao punhado de renas que tinham sido domesticadas para serem usadas como animais de tiro. Todas essas coisas falavam por si mesmas.

— Você acha que devemos abandonar o vale — disse um dia Aulikah, sua filha. — Você acha que Schambuh vai continuar nos perseguindo com sua mágica até aniquilar a todos nós, tal como ele abateu Erec com sua mágica ruim.

— Eu não sei, filha — respondeu a velha em voz baixa. — Os espíritos ainda não falaram comigo. Mas eu pressinto que não podemos ficar neste vale. O corvo branco é um mensageiro. Talvez ele queira nos indicar o caminho.

— O caminho? — murmurou Aulikah assustada. — Para onde?

— Você deve sempre observar, se quiser ver a vontade dos espíritos que está por trás das coisas — ensinou-lhe a Velha Sábia. — Você nunca reparou de onde o corvo branco vem e onde ele volta a desaparecer? — Ela esperou por uma resposta, e como filha se calasse envergonhada, continuou: — Ele vem de lá, de onde o Pai Sol Hoh nos traz o dia, e retorna para lá na escuridão.

Aparentemente, ela queria deixar que suas palavras surtissem efeito e dar tempo para que Aulikah meditasse, pois ficou olhando para a frente, perdida em seus pensamentos.

— Você me contou sobre o irmão de seu pai, Bozarum — animou-se, finalmente, a jovem. — Ele também foi ao encontro do Pai Sol Hoh com sua família, e nunca mais se ouviu falar dele.

— É verdade — a velha assentiu. — Naquela época, mapa-mapa, todo o clã das Mãos de Pedra partiu. Havia muitos invernos longos e duros naquela época, a caça era ruim e não havia leite de rena para as crianças. Meu irmão menor e minha avó, e também muitas outras pessoas do Povo Oriental, morreram. Todos nós passávamos muita fome. Foi nesses dias que os espíritos falaram comigo pela primeira vez. Estava escuro, eu tinha fome e tinha chorado por muito tempo. Foi quando a Mãe Terra Goah me revelou que logo tudo melhoraria e que Bozarum e seu clã tinham ido para uma nova terra, onde a caça era melhor. Contei isso a minha mãe, mas ela achava que tinha sido apenas um sonho. Ninguém acreditou em mim. Mas, dois dias depois, os caçadores de nosso clã encontraram o esconderijo de inverno de um urso e o abateram. Graças a isso nós sobrevivemos ao inverno. Desde então ninguém nunca mais ridicularizou os "sonhos" da pequena menina Aulih.

O silêncio que se seguiu depois dessa narrativa breve, mas de conteúdo denso, demonstrou o quanto Aulikah ficara impressionada, mostrando-lhe ao mesmo tempo o começo de um processo de desenvolvimento que finalmente transformaria aquela pequena menina na

Velha Sábia. Apesar disso, logo os problemas do presente voltaram a ocupar os pensamentos de Aulikah.

— Não podem faltar mais que umas poucas luas para que eu tenha o meu bebê, o bebê de Erec — murmurou angustiada. — E a mesma coisa está acontecendo com Eschah. Será que nós podemos empreender uma longa viagem como Bozarum? — E como então lhe ocorresse uma idéia salvadora, ela continuou com mais vivacidade: — Você é a única que pode interpretar os sonhos diurnos, mãe. Você vê também a sombra por trás das coisas. Só você ouve as vozes dos espíritos. Tente, eu lhe peço! Fale com nossa Mãe Terra Goah! A você ela vai responder e aconselhar o que devemos fazer.

Pareceu-lhe que as pupilas de Aulih se estreitavam.

— Ouça bem o que eu lhe digo, filha, não se pode fazer perguntas aos espíritos, não na época errada. Só eles mesmos determinam quando é chegada a hora. Então deve-se estar preparado para quando eles começarem a falar. Até lá, eles talvez nos inspirem algum pressentimento, mas não mais do que isso. O conselho e vontade deles, você só fica sabendo quando eles falam com você por vontade própria.

— Então por que Schambuh e outros xamãs dizem que consultam os espíritos?

— Porque eles são impostores — disse a Velha. — Pequenos impostores que usam a ignorância das pessoas para assustá-las e amedrontá-las. E Schambuh é o maior desses pequenos impostores. Por essa razão, ele já anunciou há muitos dias que abateu Erec com sua magia ...

— E... e você acha que ... — Aulikah gritou, sem entretanto terminar a pergunta.

— Não foi nenhuma mágica — a Velha Sábia a interrompeu. — E por essa razão Schambuh vive com medo de que a verdade possa aparecer. Um dia os próprios espíritos, ou seus enviados, os corvos, a trarão à luz, e com isso acabarão com o poder de Schambuh, ou talvez até com ele mesmo. Isso é o que eu penso, e um dia os espíritos vão me mostrar se os meus pensamentos estão certos. Mas a hora ainda não chegou. E até lá temos que ter medo de Schambuh e de seu poder maléfico. Por isso, sigam minhas palavras e não me façam mais perguntas.

Enquanto os espíritos não tiverem falado comigo, eu não posso contar-lhes nada mais além de meus próprios pensamentos.

Ao final, a voz de Aulih tornou-se cada vez mais firme e mais forte, e havia uma razão para que ela falasse no plural: como a conversa ocorria diante da choça, a maioria dos membros do clã tinham se aproximado. Nenhum deles perdia as poucas oportunidades que tinham de escutar a Velha Sábia, estivesse ela falando de tempos passados, transmitindo sua rica experiência sobre coisas úteis do dia-a-dia ou contando a crianças e jovens casos engraçados de sua própria juventude, cuja essência continha geralmente um ensinamento. O que tinham acabado de ouvir deixou-os totalmente perplexos. Eles agora sabiam definitivamente o que a permanente insistência de Aulih significava.

Vieram as primeiras geadas, e um pouco depois caiu também a primeira neve. Embora possa parecer incompreensível à primeira vista, os caçadores do clã ficaram aliviados. Agora não havia mais terrenos pantanosos que impediam que eles percorressem grandes distâncias. Eles podiam ampliar seu território e, além disso, podiam finalmente usar os tobogs para transportar as presas de caça. Na verdade, custava algum trabalho acostumar as renas, mesmo domesticadas, à vida de animal de tiro, mas as recompensas superavam em muito o trabalho; elas só podiam ser calculadas por quem já tivesse arrastado as pesadas caças abatidas durante dias a fio até o acampamento.

As vantagens que se obtinha com o adestramento das renas como animais de tiro para uma tribo seminômade eram tão evidentes que outros três clãs do Povo Oriental já utilizavam a pioneira inovação de Erec, entre eles naturalmente o clã do Castor, ou seja, a família à qual o próprio Erec pertencera até tomar Aulikah por mulher e se transferir para o clã dela, o clã do Vale dos Mamutes. Os homens também cobriam distâncias maiores em suas excursões de caça, antes que o inverno chegasse definitivamente, e alguns chegaram inclusive a abandonar o acampamento de verão para procurar lugares protegidos mais ao sul, no sopé das montanhas. Assim, um dia, os três caçadores do Vale dos Mamutes — Eschruk, Okuh e Gakar — encontraram-se com outros do clã do Castor e fizeram um só acampamento para passar a noite. A partir desse dia, as palavras de Aulih não pararam de correr de boca em boca por todo o Povo Oriental, furtivamente, na verdade, e por isso mesmo causando maior impressão. Boa parte sob a forma de boatos, mas isso não diminuía sua eficácia. Até mesmo os xamãs, a quem esse círculo de segredo permanecia naturalmente fechado, começaram a sentir a inquietação, tratando, quase sempre em vão, de descobrir sua causa. Com Schambuh, entretanto, aconteceu o mesmo que à maioria dos déspotas autocráticos, cujo poder se assenta sobre o medo e sobre o terror: ele não tinha nem idéia do que acontecia, já que ninguém se atrevia a contar-lhe a verdade e nem mesmo a fazer algum comentário. A mesma crença angustiante nos espíritos que o tinha protegido até então, e continuava protegendo, começou também a isolá-lo cada vez mais. Havia somente dois homens que não acreditavam em superstições e conjeturas, porque sabiam mais do que os outros. Eles, sem dúvida, também ficaram sabendo das palavras e dos ensinamentos de Aulih sobre os corvos, mas o sentimento de culpa que compartilhavam selava-lhes a boca.

Passaram-se dois meses, e o inverno chegou com força; ao meio-dia, o Pai Sol Hoh mal se mostrava por uma ou duas horas, como um opaco disco de prata sobre o horizonte. Nas gélidas noites de luar, os cães do acampamento entoavam seus uivos, e das colinas ao redor vinha a resposta dos lobos. Numa dessas noites, Eschah trouxe sua criança ao mundo, uma menina saudável. Graças à experiência de Aulih, o parto transcorreu quase sem dificuldades, embora não fosse o que parecia a princípio. Eschah teve que suportar as dores das contrações por horas a fio, sem que o ansiado desfecho ocorresse, e por isso foi ficando cada vez mais fraca. Aulih, então, instou com a grávida para que ficasse de joelhos e, em seguida, de quatro, como um animal. Foi um milagre: uma ou duas contrações mais, e a Velha Sábia pôde colocar a criança nos braços da mãe aliviada. Aparentemente, foi a proximidade da natureza — ou a observação dos processos naturais — que tinham levado Aulih a, instintivamente, dar alguns passos para trás na história da evolução do homem e, assim, chegar a um resultado que os ginecologistas modernos só agora, vinte mil anos depois, começam pouco a pouco a levar em consideração. Ou seja, o fato de que, antes de evoluir até o *homo erectus* —

e portanto de assumir a posição ereta —, o homem era um quadrúpede, quando o nascimento da prole ocorria exatamente da maneira aqui descrita, que pode ser chamada de "procedimento natural".

As dores do parto chegaram para Aulikah três dias mais tarde. Sob os experientes cuidados de Aulih, por volta do meio-dia, ela deu à luz um vigoroso menino. Isso ao menos foi o que disse a Velha Sábia, que cortou o cordão umbilical do menino, envolveu-o em peles suaves e quentes e, em seguida, entregou-o a uma outra ajudante, a quem dirigiu um olhar significativo.

Como o parto era esperado, Aulih tinha cuidado para que houvesse água quente preparada. As pessoas daquela época não dispunham de nenhum tipo de recipiente a prova de fogo, e, portanto, esse era um procedimento muito trabalhoso. Perto da choça vizinha, havia uma pedra escavada que, em conceitos atuais, tinha capacidade para dois ou três baldes de água. Quando o frio não era muito intenso, era possível trazer água de um riacho próximo em bolsas de couro. Então, algumas pedras eram aquecidas na fogueira da choça, retiradas do fogo com instrumentos de madeira e colocadas na água. Quatro ou cinco dessas pedras aqueciam a água a uma temperatura assombrosa, e ela conservava o calor por tempo suficiente, para que se enchessem novamente as bolsas de couro com a ajuda de conchas de madeira e a água fosse levada para onde fosse preciso. Dessa maneira, Aulih lavou a filha e o recém-nascido, e não foi possível evitar que nessa ocasião outros também vissem a criança. O espanto estampou-se no rosto deles, para não falar da decepção.

Aulikah, esgotada, adormecera, mas despertou imediatamente quando o bebê, aproximando-se já o prematuro pôr-do-sol invernal, exigiu choramingando a fonte de leite materno. Carinhosamente, ela tomou a criança nos braços e acariciou seus cabelos escuros. Ela tinha preparado há meses a pele macia em que o pequeno estava envolvido, que tinha a forma de uma fronha de travesseiro e era portanto um minúsculo saco de dormir que podia ser usado também para carregar o bebê. Somente o rostinho deste ficava visível.

A mão de Aulikah deslizou sobre a minúscula cabeça da criança que mamava, penetrando por baixo do envoltório de pele.

— A luz ... — ela disse com voz abafada. — Tragam a luz!

A Velha Sábia fez um sinal com a cabeça para a vizinha, que cuidava da primeira criança de Aulikah, agora uma menina de três anos. Demorou um pouco até que a mulher acendesse uma tocha na fogueira da choça, afugentasse um dos cachorros e chegasse junto ao leito. Sem afastar o bebê, Aulikah abriu o saco de pele. Aquilo que os rostos da vizinha e de Aulih já vinham anunciando, ela então viu confirmar-se de uma maneira que, aos olhos dela, pareceu horrível. Seus olhos encheram-se de lágrimas e a imagem ficou fora de foco.

O cabelo escuro do minúsculo e recém-nascido habitante da Terra era realmente um pouco mais longo que o habitual, mas de maneira nenhuma totalmente insólito. Mas os pêlos não terminavam no pescoço; cobriam os ombros e uma parte das costas. As coxas também exibiam uma pelugem escura que ficava ainda mais espessa abaixo dos joelhos. Só o peito, o ventre, os braços e os pés não tinham pêlos.

— Mãe... — soluçou Aulikah. — Ele é ... — e então a voz lhe faltou.

O rosto da Velha Sábia permaneceu impassível e sem expressão.

— Sim — ela disse com dureza. — Ele é um menino-lobo, como já deve ter acontecido com mais freqüência antes, em mapa-mapa. Mas ninguém vai tirar essa criança de você, ninguém vai abandoná-la no mato para que morra. Esse menino-lobo está sob a proteção do Corvo Branco, que continua nos visitando. E ele está sob a proteção de Aulih, a Velha Sábia, que logo falará com a Mãe Terra Goah e com os espíritos.

Ela se aproximou do fogo, acocorou-se e fechou os olhos. As brasas lançavam um brilho avermelhado sobre seu rosto enrugado. Era como se ela já estivesse a caminho de um outro mundo, um mundo de espíritos e demônios. Somente sua mão se movia, coçando o pescoço do cão que tinha apoiado a cabeça na sua coxa.

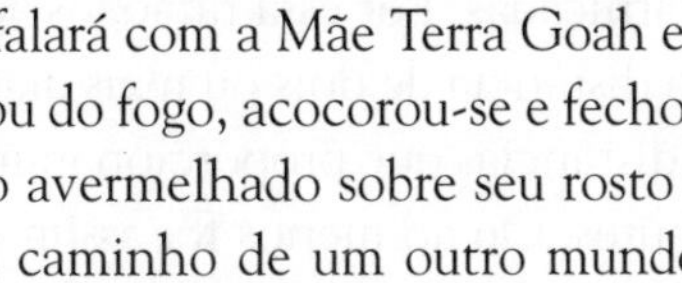

VI

As duras semanas de inverno trouxeram o frio e tormentas uivantes, mas, por sorte, pouca neve. A escuridão, de qualquer forma, bania as pessoas para suas choças e cavernas. Otah, a Senhora das Sombras e da Noite, tinha-se aliado a espíritos e demônios para defender seu reino. Só ao meio-dia a noite cedia lugar a um crepúsculo incerto e, finalmente, no horizonte sul, o Pai Sol Hoh mostrava-se como um grão dourado e brilhante que ainda não emitia nenhum calor, mas ficava maior a cada dia que passava, até se transformar outra vez no disco familiar. Os caçadores só saíam a essa hora, para inspecionar as armadilhas preparadas nas redondezas e recolher lenha para o fogo.

Nessa época, não havia nenhuma comunicação entre os clãs dispersos do Povo Oriental. Para sobreviver, cada família precisava de um território de caça suficientemente grande, e no passado algumas invasões desses territórios, ainda que mínimas, tinham levado a inimizades e a lutas encarniçadas. Por essa razão, os acampamentos geralmente ficavam a uma distância de dois ou mais dias de marcha uns dos outros, e foram essas distâncias que proporcionaram um prazo maior ao clã do Vale dos Mamutes. Ou ao menos foi assim que sentiu Aulikah; e mesmo que praticamente nenhum dos outros conversasse com ela a esse respeito, era de se presumir que se sentiam da mesma maneira. Poucos dias depois do nascimento do menino-lobo, chegaram ao acampamento caçadores do clã dos Homens Barbudos em busca de abrigo e calor por ao menos uma noite, antes de prosseguir em sua excursão. Um deles, que descendia do antigo clã de Erec, o clã do Castor, e que portanto era considerado como filho do irmão, ficou sabendo então do menino-lobo. Ele tinha duas mulheres no clã dos Homens Barbudos, e era conhecido por ser muito tagarela e fanfarrão. Teria sido um milagre caso ele tivesse conseguido não espalhar a excitante novidade.

Mas havia ainda algo mais. O Povo Oriental sempre tolerara a poligamia, que era considerada como uma compensação natural quando um dos sexos superava em número o outro, o que sem dúvida garantia a sobrevivência da espécie. Mas, somente no clã dos Homens Barbudos, havia nos últimos anos mais mulheres do que homens. Foi, portanto, assim que Agaruk, o fanfarrão tagarela, conseguiu uma segunda mulher. Claro está que, além disso, sua primeira mulher tinha uma irmã que a princípio não encontrava marido. Em algum momento Schambuh, o maior entre os xamãs, ouviu falar disso e achou que uma segunda mulher era algo apropriado à sua grandeza. E, assim, ele a levou consigo para sua cabana de mago coberta com peles de rena e cuja armação ostentava alvos crânios de animais e caudas de raposa e de lobo. Com isso, ele na verdade infringira um venerável costume do Povo Oriental, o de que o homem sempre acompanhava a mulher ao clã dela, mas esse fato o incomodava pouco. Sua única concessão consistiu em que ele, tal como os homens do clã dos Barbudos, deixou crescer em seu lábio superior um vasto bigode que, junto com sua estatura mirrada e pernas curtas e curvas, dava-lhe a aparência de um huno. E como conseqüência óbvia, Schambuh achou que, a partir de então, o clã dos Homens Barbudos também passaria a reconhecê-lo como seu xamã, redobrando seu "poder doméstico". Ele não temia mais ninguém em toda a tribo, com uma única exceção: sua própria mãe. Embora ela — junto com uma velha desdentada que contava como parente — sempre dispusera de sua própria choça, era ela quem cuidava da casa de Schambuh, administrava as "oferendas" que os vários clãs traziam em qualquer ocasião imaginável, além de tiranizar sistematicamente as duas noras. Sua língua afiada referia-se principalmente ao fato de que nenhuma das duas tivesse tido descendência até aquele momento. Nem ela nem seu filho, o grande xamã, jamais levaram em consideração a possibilidade de que a causa da esterilidade poderia estar no próprio Schambuh.

De qualquer maneira, o fato é que a segunda mulher de Schambuh e uma das mulheres do tagarela Agaruk eram irmãs, e isso era uma fonte de conflitos que Aulikah não conseguia tirar da cabeça. Como, fosse dia ou fosse noite, a criança tinha que ser amamentada a cada três ou quatro horas em seus primeiros meses de vida, Aulikah quase não dispunha da oportunidade de ter um sono reparador. Essa inquietude, mas também o luto por Erec, que ainda a consumia, e uma ameaçadora incerteza quanto aos acontecimentos futuros, fez com que ela emagrecesse visivelmente. Mesmo a luz do dia, que retornava pouco a pouco, não a impedia de passar o tempo num conflito íntimo, uma espécie de transe, em algum lugar entre o sonho e a realidade. A preocupação quanto ao destino do menino-lobo a enchia de um pânico que não a deixava descansar nem mesmo durante as poucas horas de sono, atormentando-a com pesadelos caóticos.

Talvez tenha sido o estado da filha, que não melhorava apesar do uso de certas ervas, o que um dia levou Aulih a anunciar a decisão que tomara: na manhã seguinte, ela partiria rumo a um lugar sagrado, para lá esperar a inspiração de Goah, a Mãe Terra. Enquanto fazia seus preparativos, ela não disse uma única palavra, revelando se a hora tinha chegado ou se ela já ouvira as vozes dos espíritos.

O lugar onde dormia ficava num canto da choça. Ela afastou a pele de urso que o forrava e levantou uma placa de pedra que havia na cabeceira. Sob a placa surgiu uma concavidade revestida de pedaços de madeira seca e cortiça, onde Aulih guardava seus objetos mais valiosos. Havia ali algumas raspadeiras e uma espécie de punhal afiado, tudo de uma reluzente pedra negra, cintilante e de bordas afiadas tal como não podia ser encontrada em nenhum lugar daquela região. Mesmo para Aulih, o lugar de origem daquela pedra tinha ficado mergulhado na escuridão do passado. Havia apenas uma lenda, segundo a qual ela fora roubada do Reino do Espírito do Fogo — por quem, não se sabia, mas o que todas as pessoas do Povo Oriental sabiam, é que Schambuh também possuía um machado feito desse que era o mais duro dos materiais. Usado por toda parte, em pontas de lanças e de flechas, em facas, raspadeiras e machados, nem mesmo o sílex podia se comparar a essa pedra negra, vítrea e dura.

Mais de dez mil anos depois, os espanhóis que conquistaram a América Central travariam um doloroso conhecimento com essa pedra: os astecas a utilizavam para guarnecer suas espadas de madeira dura, e o faziam de maneira a imitar o peixe-espada. Eles tinham grande abundância desse material à disposição, encontrando-o em forma de lava endurecida nas encostas dos vulcões, e que nós hoje chamamos de obsidiana. A lenda de que a pedra tinha se originado no reino do Espírito do Fogo tinha, portanto, um fundo de verdade.

O valor especial que a obsidiana tinha para Aulih e para seu clã residia no fato de que, com ela, podia-se não apenas esfolar as peles mais resistentes, cortar carne e raspar o couro, mas também trabalhar tendões, ossos, madeira e outros materiais. A prova era o objeto que Aulih ergueu em seguida: o grande colar, que ela colocou, alternava garras de urso e caracóis, entremeados de pequenas plumas coloridas de gralha. Pendurado no meio do colar, à guisa de pingente, havia uma espécie de medalhão amarelado, do tamanho da palma da mão, onde haviam sido gravados — talvez com uma ferramenta de obsidiana — seres fabulosos que só com uma observação mais atenta se poderia reconhecer como renas, salmões e pássaros. Tanto no colar como nesse medalhão de marfim havia, portanto, seres vivos que tinham um significado especial para os homens: animais terrestres como o urso e a rena, habitantes das águas como peixes e moluscos e, finalmente, aves como a gralha e — possivelmente — o corvo, mensageiro alado dos espíritos que povoavam o espaço aéreo. Teria sido pura especulação considerar a forma circular do medalhão como um símbolo do Pai Sol Hoh, pois jamais aflorara aos lábios de Aulih uma única palavra nesse sentido. Por outro lado, ela tinha falado muitas vezes que esse marfim provinha daquele gigante peludo ao qual o clã do Vale dos Mamutes devia seu nome.

Depois de ter ajeitado o colar, a Velha Sábia tirou do esconderijo uma bolsa, desatando o cordão que a fechava. Além dos olhares de Aulikah e de sua pequena neta, os dos dois cães também a seguiram quando ela foi até a entrada da choça e afastou a cortina de pele que usavam no inverno, para observar o conteúdo à luz do dia. Ela aparentemente ficou satisfeita com a inspeção, pois voltou a fechar a bolsa, fazendo com que ela desaparecesse sob seu vestido de couro macio, que parecia um saco.

Em algum momento, depois que lá fora já estava escuro, ela buscou também seu equipamento de inverno. Calçou as botas de pele, que chegavam até os joelhos e que eram presas às pernas com várias voltas cruzadas de fitas de couro, colocou sobre os ombros a capa de pele cujo lado com pêlos era virado para dentro, e colocou sobre a cabeça um capuz de pele. Assim vestida, ela saiu para o frio e a escuridão e fez a ronda pelas outras choças do clã, como se precisasse se certificar do que estava acontecendo ali também.

Até esse momento, Aulikah permaneceu junto a ela, acalmando e acalentando seu menino-lobo. Ela comeu carne seca e frutas secas das provisões de inverno, e então tomou a criança consigo e meteu-se sob as cobertas de pele, adormecendo logo depois. Quando despertou, mais tarde, constatou que a mãe havia cuidado do fogo e agora dormia em seu canto. Mas ao lado dela estava um saco de couro, propriedade de Erec, como os que usavam os caçadores para levar provisões e ferramentas nas excursões de caça, que muitas vezes se prolongavam por vários dias.

Na manhã seguinte, a Velha Sábia tinha desaparecido. Aparentemente, ela partira logo depois da meia-noite. Uma das meninas do clã descobriu, um pouco depois, que Aulih tinha deixado alguns pedaços de carne seca sobre a pedra que estava junto à árvore de tronco nodoso, como alimento para o Corvo Branco. Ele aparecia freqüentemente, mesmo durante o inverno. De fato, nesse dia ele também veio, servindo-se da comida certamente bem-vinda, e que já tinha se tornado habitual. Mas então pareceu-lhe que faltava alguma coisa. Talvez fosse a familiar figura diante da choça que, imóvel e calada, observava-o constantemente, como se estivesse mantendo um diálogo mudo com o mensageiro alado. Ele, portanto, ficou pousado em seu galho favorito apenas por alguns minutos, e então abriu suas asas e foi embora. Mas dessa vez não voou para o oriente, dirigiu-se para o sul, rumo às montanhas.

O Povo Oriental as chamava de "Montanhas Negras", pois as consideravam domínio dos espíritos e dos demônios. A razão principal para esse medo místico era o "vale fumegante", que permanecia tomado por uma espécie de névoa e por um cheiro ácido e sulfuroso durante todas as estações do ano. Poucos caçadores tinham-se atrevido a ir até as proximidades do vale e de suas águas paradas, amargas e venenosas, dos cintilantes cristais amarelados que estavam por toda parte e dos terrenos pantanosos, pontuados por árvores mortas, que eram vistas como fantasmagóricos guardiães dos demônios. Aulih dirigiu-se a esse lugar.

Um pássaro, espreitando de grande altura, veria a Velha Sábia aparecer como um minúsculo ponto na paisagem desolada, em que as silhuetas escuras das coníferas se intercalavam com claros campos de neve e com as primeiras rochas cinzentas. Caminhando incansavelmente por esse lugar ermo e invernal, essa pequena figura que, com o capuz, e coberta pela capa de pele que chegava quase até o chão, mal podia ser reconhecida como um ser humano. É como se estivesse seguindo um sinal infalível que apontasse para uma determinada direção, ou o chamado de uma voz que só ela ouvia; assim, Aulih enfrentava as agruras e o esforço dessa marcha interminável, como se se tratasse de um sonho.

Ela só parou para descansar por volta do meio-dia, ao descobrir uma área livre de neve na encosta sul de uma colina rochosa. Comeu um naco do "pam" que levara, e, como se levada por um compromisso mágico, deixou algumas migalhas sobre uma das pedras que tinha a seu redor. Ela ainda permaneceu sentada lá por uma meia hora, o rosto enrugado erguido em direção ao Pai Sol Hoh, os olhos fechados. Em seguida, reiniciou sua peregrinação rumo às montanhas.

A neblina do "vale fumegante" indicava-lhe o caminho desde longe, mas ela ainda levou três horas de marcha forçada até chegar ao estreito precipício e provar a água tépida que escorria por uma fenda. Seu gosto amargo e meio podre fez com que a velha contraísse a boca de modo indescritível. Entre as rochas, teve que lutar contra a neve e superar uma ladeira de cascalho. Lá estava o vale, à sua frente.

A Velha Sábia procurou um caminho por entre as poças de água parada, que não estavam congeladas. Em algumas havia ruídos gorgolejantes, grandes borbulhas de lama cinzenta ascendiam e estouravam na superfície, e o cheiro sulfuroso tornava-se cada vez mais forte. À beira de um charco tinham-se depositado grossas crostas de cristal amarelo que ainda faiscavam à última claridade do dia. O chão era pedregoso e — com a exceção de uns poucos líquens — praticamente desprovido de vegetação. Havia algumas árvores nas encostas, mas a maioria delas exibia apenas ramos nus e mortos que se projetavam contra o céu da tarde.

Aulih apalpou ao longo da borda de uma fenda por onde a névoa subia ininterruptamente. Na paisagem ao fundo, rochas esparsas também cintilavam. De súbito, a Velha estacou abruptamente. O que ela viu abalou-a até a medula de seu ser; parecia um sonho que se tornasse realidade.

Acima das rochas cintilantes, numa espécie de terraço, havia uma árvore enorme, apodrecida e oca. Do tronco saíam dois ramos nodosos que pareciam os braços secos de um gigante saído de um mundo primitivo. E sobre um desses ramos estava pousado — o corvo branco.

A sensação de sonho tornou-se avassaladora. Como em transe, Aulih empreendeu a escalada, dirigindo-se à abertura da gigantesca árvore oca que, a julgar por seu diâmetro, crescera, e finalmente morrera, em tempos imemoriais. Aqui e ali, sobre a casca podre, também havia traços dos cristais brilhantes. Evidentemente, eram as forças do mundo dos mortos que conservavam esses testemunhos de uma época muito remota, impedindo que se decompusesse.

Tateando, a Velha Sábia meteu-se pela abertura como uma sonâmbula. A luz que entrava não só pela abertura no tronco, mas também por cima, refletia-se em mil cintilações nos cristais que cobriam o interior de madeira petrificada. Mesmo esticando os braços, ela não conseguiria tocar as extremidades daquele tronco oco. Claro que isso nem lhe passava pela cabeça. Ela se virou, agachou-se no chão pedregoso e olhou o "vale fumegante" à luz do sol poente. Finalmente, tirou de sob a roupa a bolsa de couro que pendia de seu pescoço. Dela retirou alguns objetos, que dispôs no chão em semicírculo, diante de si: algumas pedras com formas regulares, polidas e perfuradas, um amuleto feito com os caninos de um urso e, finalmente, uma pequena figura de madeira, fruto de um árduo trabalho de entalhe. De forma grotesca, mas ao mesmo tempo marcante, ela representava uma pesada figura feminina com grandes seios, evidentemente um símbolo da maternidade.

— Goah — murmurou Aulih o nome da Mãe Terra. — Isikeh.

Ela então mergulhou num sonho profundo, numa meditação que a levaria a outro mundo.

VII

Depois da nossa discussão sobre a história do sonho, que terminara com o "falso compromisso", achei melhor deixar Jean sozinho com seus pensamentos por algum tempo. Como tivesse vontade de me mexer um pouco, eu lhe pedi que ficasse de vigia, observando a possível aproximação de tubarões enquanto eu, com máscara de mergulho e pés-de-pato, pulava na água, dava um par de voltas no iate e finalmente mergulhava um pouquinho. Quando, depois, subi de volta a bordo pela escada de popa, Jean já me esperava com calção de banho e ataviado para, como eu, refrescar-se. Portanto, peguei minha toalha e assumi meu turno de guarda. Muitas vezes tínhamos deparado com tubarões, mesmo nas águas relativamente rasas das lagunas, e embora geralmente ríssemos da maioria das histórias de terror, é claro que tomávamos o cuidado necessário. Além disso, nessa manhã, os pescadores, limpando os peixes apanhados, tinham jogado uma boa porção de iscas ao mar.

Nosso banho refrescante transcorreu de maneira absolutamente tranqüila e, no começo da tarde, estávamos tomando banho de sol no convés. Por algum tempo, deixamo-nos embalar pelas ondas musicais que nos chegavam do éter, mas como nosso rádio de bordo não tivesse exatamente a qualidade de um equipamento de alta fidelidade, preferimos economizar pilhas, e eu desci para apanhar o violão.

Já fazia tempo que eu estava pensando nas personagens da história de Jean; assim, comecei a dar forma de texto a alguns pensamentos, acompanhando-os com o violão. Jean converteu-se em ouvinte atento de minhas improvisações. Eu então trouxe de volta à vida, com minhas palavras, o Corvo Branco e Aulih, a Velha Sábia, Isikeh e Schambuh, procurando ritmos e melodias apropriados para as imagens ainda difusas que me vinham à mente. Jean acompanhava com evidente prazer as acrobacias de minha arte musical, nem sempre muito felizes. Parece que isso ao mesmo tempo o inspirava. Logo depois, por iniciativa própria, ele aproveitou a deixa e assumiu a narrativa.

Jean começou um pouco hesitante, mas não se importou com o fato de eu intercalar um acorde de vez em quando; parecia até que se entusiasmava, e suas palavras se tornavam mais fluentes. Por duas ou três vezes escutei expressões que ele normalmente jamais usava, mas que eu tinha empregado pouco antes em meus fragmentos de texto. Isso me animou a fazer de vez em quando alguma pergunta, que ele respondia com seriedade, até que sua narração foi parecendo cada vez mais, o relato de fatos reais. Era essa, ao menos, a impressão que eu tinha. Ele mesmo parecia ter-se transportado do presente, sobre o convés ensolarado do "Steelhead", e estar circulando entre os personagens, sentindo suas alegrias, tristezas, carências e preocupações com o menino-lobo. Era aquele tipo de encantamento que sempre surgia com suas histórias e com o timbre de sua voz, enquanto ele, por sua vez, parecia estar fascinado pelo timbre do meu violão. Essa complementação não podia ser melhor, e se não era a base, certamente representava uma parte importante da nossa amizade. Mesmo quando às vezes fazíamos troça de nossas fraquezas, sempre podíamos sentir a compreensão que havia entre nós. Mas, em vez de ficar filosofando sobre a amizade entre os homens, prefiro continuar.

Ele chegara com sua história até o ponto em que Aulih se agachou dentro do tronco oco e cintilante da árvore e mergulhou num estado de meditação. Jean então fez uma pausa e, finalmente, constatou que estava morto de fome. Isso foi um pouco antes do pôr-do-sol. Tínhamos passado uma tarde extremamente agradável, esquecidos completamente de que, na verdade, pretendíamos começar nossa excursão pelo interior, logo depois do almoço.

E assim preparamos um jantar frugal a bordo, e tivemos tempo mais que suficiente para fazer os preparativos necessários para partir cedo no dia seguinte. Depois disso, Jean anunciou, de maneira hipócrita, que queria se meter no beliche, embora não se importasse se eu quisesse continuar com as minhas canções. Ele desapareceu do convés, deixando, entretanto, bem aberta a escotilha da escada e a clarabóia ...

Eu então me empenhei em fazê-lo dormir com meu canto. A partir de fragmentos, foi surgindo pouco a pouco a letra de uma canção, e a cada nova tentativa, a melodia também se tornava mais "flexível", até que, de algum modo, os "obstáculos" lingüísticos e musicais foram removidos do caminho, surgindo finalmente uma canção completa. Naturalmente, ela falava — de Corvos Brancos, que tão insistentemente povoavam a minha fantasia. Ou será que a pluma branca que eu encontrara tinha influído? Eu a tinha guardado sob a minha camisa até o meio-dia, e desde então ela enfeitava o braço de minha Maria, como eu costumo chamar o meu violão.

Já era quase meia-noite, e eu tinha passado horas pensando em novas idéias e arranhando o violão; finalmente, acendi a luz da âncora como medida de precaução e me arrastei até o beliche. Com a maravilhosa sensação de ter trabalhado um bocado, adormeci logo em seguida, e nem por um momento deixei que os profundos roncos de Jean me importunassem.

Era uma manhã de foto de calendário. Um céu azul estendia-se sobre a costa da Nicarágua, e somente aqui e ali apareciam umas poucas nuvens, pequenas e brancas como a neve. Ao sol da manhã, até mesmo os manguezais na desembocadura do rio pareciam recém-lavados. A brisa marinha produzia uma marejada que nos levou em suas costas até a foz do rio, e praticamente neutralizava o vento produzido pelo movimento do bote. O próprio ruído do motor de popa combinava com nosso alegre estado de ânimo. Com íntima e oculta satisfação, lembrei como Jean me admoestara para que não esquecesse minha Maria, supostamente por causa dos índios, embora ele com certeza estivesse pensando em algo muito diferente. Claro que isso não era absolutamente necessário ...

Meia hora mais tarde, avistamos o desembarcadouro junto à caverna nas rochas, onde tínhamos passado a outra noite. A visão do rochedo e da gigantesca boca despertou a lembrança da aparição depois da tempestade, e dessa vez eu não hesitei mais e contei o que vira a Jean.

— Não é de admirar que depois disso você tenha ficado meio confuso e não distinguisse mais o sonho de realidade — disse Jean, arrematando minha história com um sorriso irônico. — Eu tenho que admitir que esse Schambuh é um sujeito bem sinistro. Em nossa época, ele talvez tivesse sido um chefe da Máfia.

Nesse momento eu soube que não tinha mais sentido abordar o tema. Ele já tinha se decidido pela solução que arranjara, e não admitia mais nenhum argumento contra. Veio-me à mente a tão citada teimosia de um burro, mas imediatamente percebi que tal comparação era injusta para com Jean. Nesses casos, os psicólogos costumam falar de repressão. Eu, que não passo de um leigo, simplesmente fiquei contente pelo fato de meu amigo ter recobrado seu equilíbrio espiritual.

Como não tivéssemos pressa, deixamos o motor em marcha lenta e mergulhamos na fantástica selva tropical, cujos bastidores verdes pareciam transformar-se num muro impenetrável a cada curva do rio, para logo em seguida voltar a abrir-se em novas perspectivas. Os cipós e as trepadeiras, especialmente, davam a impressão de uma densa paliçada. Quem quer que tenha cunhado a expressão "inferno verde" para referir-se à selva tropical, deve ter tido impressões semelhantes. Mas é provável que ele tenha passado dias a fio, abrindo caminho com seu facão, por essa exuberante e labiríntica espessura vegetal, sempre à mercê de cobras, sanguessugas, escorpiões e carrapatos, atormentado por mosquitos e todo tipo de parasitas hematófagos. Ele certamente não estava, como nós, num seguro bote de borracha, num rio da floresta tropical, com as pernas esticadas, confortavelmente, apreciando a paisagem. Ou melhor, as pernas esticadas valiam só para mim, já que Jean estava agachado no banco da proa, sem saber para onde dirigir primeiro a câmara fotográfica. Quando fotos como essas são, no sentido mais estrito da palavra, "indescritíveis", o homem moderno as guarda em álbuns — provavelmente por não confiar na memória.

É verdade que a essa hora, no começo da tarde, muitos dos habitantes da selva ainda se aproximavam das margens para beber água, mas infelizmente não ficamos cara a cara com nenhum deles. Esse era o preço do nosso comodismo. Um motor barulhento, mesmo em marcha lenta, não é exatamente o meio mais apropriado para atrair os tímidos animais selvagens. Só uma vez Jean deu um grito de júbilo:

— Eu a peguei! Era uma onça, com certeza! E eu consegui apanhá-la com o *zoom*.

Eu não o contradisse, mas tinha lá minhas dúvidas. Nós sempre poderíamos confirmar mais tarde isso que ele acreditava ter visto naquele padrão emaranhado de luz e de sombra, nos reflexos da água e no mosaico de folhas e ramos trêmulos. Logo depois ele praguejou, porque não conseguira fotografar um cardume inteiro de peixes prateados, quando todos saltaram da água ao mesmo tempo, provavelmente fugindo de algum predador.

Mas não lhe faltaram boas oportunidades para fazer fotos. Pensando nisso, ocorreu-me novamente a palavra "parasitas", que aqui não se limitavam à fauna, e dos quais nós por sorte — dois ou três mosquitos à parte — tínhamos permanecido livres. Por outro lado, no que se referia ao reino da flora, tínhamos constantemente diante dos olhos infinitas possibilidades de escolha. Quase todas as manchas coloridas provinham de plantas parasitas, que se instalavam nos ramos e também nos troncos das imensas árvores, adaptadas que estavam a uma existência à sombra da ramagem. A energia luminosa de seus botões não interrompia a obscuridade, tornando-a mais impressionante e misteriosa. Devia haver muitas espécies de bromélias, mas principalmente de orquídeas, que por sua vez estavam em relação simbiótica com uma riqueza inesgotável de espécies de insetos. Algumas vezes acreditamos ter descoberto inclusive beija-flores, cuja plumagem resplandecente lançava pequenos raios quando eles saíam da sombra para a luz. Nós já sabíamos que eles se alimentavam basicamente do néctar das flores, e que algumas espécies tinham adaptado a forma de seus bicos à forma muito especial de algumas flores.

Lá pelo meio da tarde a floresta ficou menos densa. Agora, como nos Everglades da Flórida, que já conhecíamos, pendiam dos ramos de algumas árvores longas bandeiras verde-escuras de barba-de-velho.

Jean também tirou algumas fotos desses musgos. Após uma bifurcação do rio, a paisagem pouco a pouco foi assumindo o caráter de savana; nas margens víamos, aqui e ali, cascalho e pedras e, embora a água se tornasse amarelada e turva, logo notamos que a parte mais cômoda da viagem havia terminado. Tomei a precaução de desligar o motor, já que qualquer toque no fundo do rio poderia arruinar nossas hélices, e Jean, tateando, mergulhou suas pernas na água. Ele se surpreendeu quando, quase imediatamente, sentiu o fundo; a água só chegava a uma altura pouco acima dos joelhos. Por essa razão, mal se notava a correnteza.

Tivemos portanto que recorrer aos remos. Logo depois da curva seguinte, porém, vimos a razão dessa mudança. Aparentemente, tínhamos escolhido a direção errada na bifurcação, pois, atravessado no meio do rio, havia um banco de areia. Não foi muito fácil manejar o bote de borracha entre tantos obstáculos. Lá atrás, na margem, havia uma mata de arbustos; descobrimos algumas reses cinzentas e um primeiro moinho de vento em meio à vegetação rala; a fumaça que subia ao fundo indicava um assentamento humano.

A partir desse ponto, pudemos nos arriscar a usar novamente o motor de popa. Como o sol já tinha ultrapassado seu ponto mais alto, remar no meio da tarde teria sido uma bela oportunidade para suar copiosamente. Por essa razão, ficamos agradecidos quando o rio se estreitou novamente e a mata de arbustos às margens voltou a ser mais densa. Agora podíamos aproveitar a sombra nas proximidades da margem.

Roemos algumas bolachas que tiramos da despensa portátil e as engolimos com a ajuda de chá morno com limão. Um olhar ao mostrador de combustível me disse que era hora de abastecer o tanque com gasolina. O grande galão que trazíamos conosco continha exatamente três tanques cheios. Nós, portanto, podíamos continuar navegando por aproximadamente três horas, e então seria hora de voltar. Como reserva de segurança, contávamos com o fato de que teríamos a corrente a nosso favor, o que nos faria gastar menos combustível do que na viagem rio acima.

Naturalmente, Jean tinha que fumar seu cigarro "pós-refeição" justo nesse momento; eu, portanto, esperei que ele terminasse para só então abastecer. Ele achou uma boa idéia me filmar enquanto eu enchia o tanque, embora já estivesse usando o segundo dos três carretéis que tínhamos trazido. Jean, inclusive, já tinha pensado no efeito dramático da cena quando o filme estivesse pronto, e eu tive que admitir que, depois de tanta selva tropical, uma cena de tanque de gasolina certamente aliviaria um pouco a tensão. Além disso, minha camiseta empapada de suor contribuiria para evidenciar as condições ambientais e o nosso "esforço". Eu, portanto, tinha que criar o clima apropriado enquanto ele filmava, comodamente, sentado no banco de proa. Essa cena é que deveria ter sido filmada! Mas para isso seria preciso um terceiro homem e mais uma câmara.

Não era só a tampa do tanque de gasolina que estava fervendo; o soquete do galão de combustível sibilou como uma serpente enfurecida quando o abri, tamanha a pressão a que estava submetido devido ao calor dos trópicos. Todo o bote cheirava a gasolina, e em silêncio eu imaginei a labareda em que a brasa do cigarro de Jean poderia ter transformado uma nuvem como essa de vapor de gasolina. Mas eu me poupei de gastar uma única palavra sobre o assunto. Jean já tinha percebido, e os fatos falavam por si mesmos.

Agora, aqui e ali, o rio formava enseadas laterais e lagunas orladas de juncos, águas paradas portanto, e por essa razão não nos admiramos quando nuvens de mosquitos e moscas se abateram sobre nós. Havia também diversas espécies de libélulas, em grande número. Várias delas nos acompanharam por um bom trecho, e até mesmo algumas borboletas coloridas esvoaçavam, perdidas, sobre a superfície da água. Todos juntos, eles formavam um outro ecossistema, bastante diferente do que se observava na floresta tropical próxima às margens do rio. Por outro lado, os peixes mortos que começavam a aparecer deixavam-nos apreensivos. Normalmente, eles constituiriam uma presa fácil para garças, cormorões e outros pescadores emplumados. Ali, no entanto, por alguma razão, eles pareciam ser desprezados como alimento.

— Você reparou como a água está turva? — perguntou Jean de repente. — Alguma coisa aqui não combina com a natureza.

— Você acha que se trata de uma intervenção humana? — acrescentei em tom de dúvida. — Nós teríamos notado algum sinal rio abaixo.

Jean coçou o queixo barbudo e suado.

— Não necessariamente, amigo. Lembre da bifurcação e dos vários afluentes que descobrimos, grandes e pequenos; isso para não falar nos que nos passaram despercebidos na selva, ocultos pelo mato. Este rio Segóvio não é só um rio, mas uma bacia fluvial.

Imediatamente se acendeu uma luz na minha cabeça.

— Você quer dizer que, se essa água aqui está contaminada por algum poluente, ele se dilui corrente abaixo através dos afluentes?

— Sem dúvida — confirmou Jean secamente. — Mas eu já esperava alguma coisa desse tipo.

— Como assim? — Às vezes meu amigo Jean tinha um certo jeito de esquivar-se de perguntas diretas e me fazer seguir uma linha de pensamentos equivocada para, então, divertir-se comigo. Por essa razão, preferi voltar a perguntar, em vez de aventurar-me em conjeturas.

— O moinho de vento que vimos há meia hora — disse ele. — Não fez você pensar em nada?

— Deveria? — eu me informei, cauteloso. — Você naturalmente está se referindo àquele junto às reses cinzentas, pastando, não é?

— Fique com os bois por enquanto — disse ele para me animar. — Elas estavam, no máximo, a 150 metros da margem do rio. Elas poderiam, portanto, recorrer a essa fonte natural para beber a qualquer hora e sem nenhuma dificuldade.

— Mas havia uma cerca ... — Eu mal havia feito essa objeção quando, de repente, foi como se meus olhos se abrissem. Claro que eu não consegui colocar esse conhecimento súbito em palavras.

— Justamente — disse Jean, sério. — Era uma fazenda. E qual é o fazendeiro que tem tamanha despesa para construir um poço e instalar um moinho de vento para bombear a água, quando seus bois têm a água diante do nariz?

— Ele naturalmente só fez isso depois que algumas reses morreram por beber água poluída — eu me antecipei com a explicação. — Por isso, também, a cerca à margem do rio. A água deve ter sido contaminada com alguma substância tóxica que se acumula e se concentra especialmente nessas enseadas rasas ...

— ... causando a mortandade entre os peixes — Jean assentiu para mim. — Você acha que outros seres vivos conseguiriam fazer isso? O único causador disso é o ser humano. Eu li que rio acima, nas montanhas, se extrai ouro, prata e cobre ...

— Droga — eu exclamei quase sem querer. — Que sujeira!

— Disse bem! — concordou Jean, unindo-se à minha indignação. — Eu aposto que o maior patrocinador desses moinhos de vento é uma companhia mineradora, para calar o bico das poucas pessoas que vivem nesta região. Até mesmo cem moinhos de vento saem mais baratos que a instalação de um sistema de extração e produção de minério que não agrida o ambiente.

— E esses caras, além disso, fazem o papel de benfeitores!

— Isso de qualquer jeito. E como eles, naturalmente, empregam pessoas influentes para se garantir, é montado todo um sistema político contra o qual uns poucos índios e mestiços pobres são completamente impotentes. Eles fazem só o que é absolutamente necessário para evitar uma grande catástrofe ecológica. Você viu como rio abaixo tudo ainda parece estar em ordem.

— Essa é que é justamente a infâmia! — eu me exaltei. — Com certeza não há danos visíveis até agora, já que eles só aparecem com o passar dos anos. E, ainda por cima, os Senhores Mineiros usam descaradamente a natureza para ocultar seus atos vergonhosos. Ao notar o olhar interrogativo de Jean, percebi que ele não conseguira acompanhar o meu raciocínio e, portanto, continuei: — Eu me refiro a essas águas rasas, essas enseadas e lagunas ao longo do rio, onde a maior parte dos poluentes está represada, enquanto o resto se dilui pelos afluentes. Eles provavelmente contratam alguns sabichões para elaborar alguma verborréia sobre a "capacidade de autodepuração das águas", e para fazer calar todos os que se queixam.

— É provável — Jean concordou. — Mas, como em toda parte, aqui também o capital desempenha o papel decisivo. E essas pessoas que dispõem de muito dinheiro só serão razoáveis e estarão dispostas a assumir a responsabilidade por seus erros quando tenham não só destruído meio mundo, mas também a própria estrutura de poder que eles mesmos montaram.

— Que lixo miserável! — murmurei, balançando a cabeça. — Nós pretendíamos fazer uma viagem pela natureza virgem dos trópicos, e agora isso aqui ...

Jean calou-se, e por algum tempo nos entregamos a nossos próprios pensamentos, que não eram exatamente alegres e despreocupados. Abri um pouco mais a gasolina, para escapar dos mosquitos. Apreciamos o vento provocado pela velocidade do barco e, algum tempo depois, tínhamos deixado para trás a região de águas rasas e de lagunas. Matas de arbustos menos densas, interrompidas de quando em quando por clareiras, orlavam agora o rio Segóvio — isso, claro, se ainda se tratasse do rio Segóvio. Parecia-nos muito mais provável que o que tínhamos sob a quilha do nosso bote de borracha não passava de um de seus afluentes.

Já podíamos distinguir as pás de um segundo moinho de vento por sobre a copa das árvores. Como o matagal em ambas as margens tinha voltado a ser denso nesse ponto, parecia que, nesse caso, não se tratava de uma fazenda de criação de gado, mas de um assentamento. Jean então lançou um olhar para o mostrador de gasolina e disse:

— Acho que já é hora de procurarmos um lugar para acampar.

Com isso eu estava inteiramente de acordo.

VIII

O pequeno embarcadouro estava à sombra das árvores da margem, e não passava de algumas estacas e pranchas visivelmente apodrecidas. Isso não impedia as crianças de brincar sobre elas e de saltar na água de forma temerária. Os mais velhos dentre eles usavam calções rasgados e desbotados; com os menores, até mesmo essa peça de vestuário estava ausente. Só uma menina um pouco mais crescida usava um vestido de chita gasto de tanto lavar, e levava um menininho moreno pela mão, aparentemente o irmão menor.

Ao fundo, também parcialmente sombreado pelas árvores, estava a aldeia índia. O ponto central estava assinalado pelo moinho de vento, que já tínhamos avistado de longe. Como não ventava no momento, suas pás permaneciam imóveis sob o escaldante céu tropical. Apesar disso, podia-se ver duas mulheres carregando grandes cântaros de barro. Elas tiravam água de um tanque ou reservatório, construído com blocos de pedra e caiado de branco. A água que transbordava tinha formado um lamaçal ali perto; um casal de porcos pequenos, quase negros, parecia muito à vontade naquela poça de lama.

Nós divisamos tudo isso desde o rio. Eu tinha desligado o motor e estávamos remando do lado oposto ao de onde estava o primitivo embarcadouro, para não ameaçar as crianças que brincavam. Foi então que a menina gritou algo ininteligível, dando a entender por gestos que devíamos nos aproximar. Dois gritos seus foram suficientes para que meia dúzia de seus companheiros de brincadeiras saíssem da água e se juntassem a seu redor.

Essa solução era melhor, pois podíamos utilizar o lado do embarcadouro do qual a correnteza se afastava, evitando assim o risco de que o bote fosse empurrado para baixo das tábuas. Jean pegou a corda de proa e ficou em pé; a essas alturas a pequena também já estava lá, agarrou a corda que lhe tinha sido atirada e enrolou-a em um anel de metal enferrujado, o único aliás que se podia ver em todas as pranchas podres.

— Muito bem, *chica* — elogiou-a Jean, enquanto ele rapidamente puxava o bote e o cobria com uma lona. Em seguida, reconhecido, ele acariciou o cabelo negro da menina. Seus olhos escuros brilharam para Jean e um sorriso acanhado, mas feliz, surgiu em seu rosto. Logo em seguida, a garota voltou à margem para agarrar o irmãozinho que tinha se afastado engatinhando.

Foi quando ouviu as vozes e as risadas das outras crianças. Naquela confusão de vozes, era impossível entender o que eles estavam falando, já que para nós o dialeto índio era um cofre fechado a sete chaves. Mas, pelo menos agora nós já sabíamos que, tanto a menina como os outros, tinham entendido o espanhol de Jean. Nós ouvimos a palavra *chica* algumas vezes, e imaginamos que estivessem troçando da garota com o nome, mas ela parecia não se importar.

— Aqui, pegue a câmara! — eu gritei para Jean passando-lhe a Camcorder. — Precisamos registrar isso.

Ele pareceu ser da mesma opinião, e logo assumiu a direção. Primeiro foi a vez do bote, do ancoradouro e do grupo de crianças, depois uma panorâmica da aldeia, o moinho de vento, uma maravilhosa árvore tapi-bui em flor, e finalmente uma seqüência que começava com os porcos refestelando-se na lama, descia pela "rua principal" e terminava no rio. Naturalmente, essa "rua principal" não passava de um caminho de terra que, ao longo dos anos, foi sendo utilizado cada vez mais e à beira do qual algumas cabras pastavam grama, mato e as folhas dos arbustos. Por fim, Jean teve a idéia de colocar um pouco de "ação" em seu filme e, com algumas moedas convenceu as crianças a me receber e inclusive a me ajudar a sair do bote e subir ao embarcadouro. Elas fizeram tudo isso com grande entusiasmo, mas, na minha opinião, a cena toda deve ter sido bastante idiota. Eu obviamente não era nenhum missionário decrépito que tivesse que ser recebido por suas pequenas ovelhas pagãs. Provavelmente, essa foi outra daquelas cenas cuja exibição fez com que todos se arrebentassem de tanto rir, claro que às minhas custas.

Enquanto eu puxava a corda de popa e amarrava o barco ao longo do embarcadouro, para que depois fosse mais fácil descarregar o equipamento, Jean já estava outra vez de prosa com nossa *Chica*, que aparentemente exercia ali uma função de fiscalização. Eu ainda vi como ela dava algumas instruções aos dois meninos maiores, que com bravura sentavam-se na borda do embarcadouro e lá ficavam, balançando as pernas. Não acredito que a perspectiva de ganhar outra "propina" — ou seja, uma gorjeta — significasse alguma coisa para esses pequenos índios. Para eles, essa visita de estrangeiros era uma sensação; eles se divertiam e, ainda por cima, sentiam-se valorizados por montar guarda, como se fossem "vigias do porto".

— Venha! Com certeza já nos descobriram — disse Jean com impaciência, marchando com *Chica* e seu irmão menor nos braços. A habilidade que ele tinha para fazer contatos era simplesmente inestimável. Quando eu o alcancei, seguido pelo tímido cortejo, ele me informou, falando pelo canto da boca, que tudo já estava "paletti", e recomeçou a coçar a barriga do jovenzinho com o dedo indicador, o que lhe arrancava gargalhadas de prazer. Ainda assim, eu tinha uma comitiva maior a meu favor, ainda que dois daqueles jovens morenos precisassem urgentemente de um lenço ...

As cabanas, espalhadas sob as árvores, tinham as paredes feitas principalmente de barro, que era aplicado sobre uma trama de palha, galhos ou juncos; neste clima, em pouco tempo o barro secava e ficava duro como pedra. Nas janelas e portas, para dar sombra, viam-se esteiras de ráfia ou cortinas feitas de miçangas de madeira ou vidro. Os tetos eram cobertos por grandes palmas ou folhas de bananeira, e duas das cabanas, bem mais "avançadas" que as outras, eram guarnecidas de tetos de folhas de lata enferrujada, para mim uma visão medonha. Também pertenciam a essa última categoria os latões de óleo que se podia ver em praticamente todas as pequenas propriedades. Eles provavelmente serviam para assegurar uma provisão de água próxima à casa, de forma que não fosse necessário ir ao tanque do moinho de vento cada vez que se precisava de um pouco de água. Tampouco esses monstros enferrujados tinham sido feitos para enfeitar a paisagem. Na maioria deles, podia-se ler ainda as letras SMRL, fosse lá o que isso queria dizer.

A cabana à qual *Chica* nos levou tinha a mesma aparência pobre que as outras propriedades, mas parecia um lugar respeitável, de uma maneira que eu mesmo não conseguia explicar. Havia cabaças e abóboras penduradas sob a cobertura do terraço, além de tranças de cebolas, de ervas e de algumas verduras secas; e da viga mais grossa pendia uma penca de bananas que apenas começavam a amadurecer. *Chica* chamou a mãe, mas precisou repetir seu chamado até que uma índia de baixa estatura aparecesse ao lado da cabana. Aparentemente, ela estava trabalhando na pequena horta sem cerca que tínhamos notado atrás da cabana à medida que nos aproximávamos, pois a índia tinha consigo uma enxada, que apoiou contra a parede para poder limpar as mãos no avental de linhagem.

— *Buenas tardes, Señora* — Jean cumprimentou sorridente, enquanto lhe estendia a criança repentinamente inquieta.

— *Señores* ... — disse a mulher num espanhol rígido, tomando o menino nos braços. Seu rosto tinha uma imobilidade estóica, embora certamente poucos "gringos" aparecessem por ali, e menos ainda que usassem a mesma forma de tratamento formal e respeitoso com os nativos. Por trás disso, eu adivinhava uma espécie de fatalismo, uma forma de render-se ao destino que é muito comum entre os índios pobres da América Central. Enquanto ela observava, primeiro Jean e depois a mim, ensaiei uma leve reverência; em seus lábios estreitos desenhou-se um quase sorriso, ao mesmo tempo em que ela inclinava a cabeça.

Como se estivesse esperando por essa oportunidade, *Chica* começou a falar. As palavras em seu idioma, para nós incompreensível, brotavam de sua boca enquanto mostrava com a mão estendida as moedas que Jean lhe havia dado. Ainda assim, reconhecemos por duas vezes a palavra "Chica", e entendemos que nossa pequena amiga a considerava algo assim como um batismo feliz. Isso ao menos explicaria a reação das outras crianças no embarcadouro.

O rosto sério de sua mãe iluminou-se ainda mais. Ela também usava um vestido de chita muito simples, que certamente já tinha sido lavado muitas vezes, e seu avental parecia ter servido realmente como saco de farinha, pois com algum esforço ainda se podia decifrar algumas letras desbotadas. "Kansas City", diziam os lastimáveis resquícios da inscrição.

— Eu sou Mapita — disse a mulher desviando as mãos do pequeno, que estava puxando seu decote. — Só uma mulher guajara. Por favor, não dizer "Señora" para mim. *Bienvenidos, Señores.*

Não se poderia expressar boas-vindas de maneira mais sucinta do que essa. Jean também pareceu ter ficado impressionado e respeitou a vontade da mulher, apresentando-nos por nossos nomes, explicando em palavras simples nossa origem e o que queríamos ali — mais especificamente, um lugar para passar a noite. Quando, nesse ponto de seu discurso, Mapita já nos convidava, apontando para a porta de sua pobre cabana, ele imediatamente recusou e continuou, dizendo que de nenhuma maneira queria perturbar sua vida familiar e doméstica. Um lugar sob o teto do estábulo que ficava ao lado da horta seria mais do que suficiente para nós. Entre ambos havia ainda um cercado de figueiras-da-índia, de espinheiros e de "maguey", que servia evidentemente para guardar cabras, galinhas e perus durante a noite. Jean tampouco esqueceu de acrescentar que tínhamos trazido tudo o que necessitávamos.

Aparentemente, a mulher considerava essa maneira de tratar os hóspedes indecorosa, pois levantou objeções e hesitou até que finalmente se rendeu aos dons de oratória de Jean, assentindo. Ela então mandou que *Chica* entrasse na casa e pediu para que esperássemos. A pequena voltou logo em seguida, dirigiu-nos um olhar radiante e deu a cada um, em uma pequena cabaça, um drinque de boas-vindas. Deve ter sido uma cena muito engraçada, nós dois ali, sob o telhado do pórtico, cebolas e ervas penduradas sobre nossas cabeças, e sem saber muito bem como deveríamos nos comportar.

Permanecemos perplexos por alguns segundos, então eu reparei nos lábios de *Chica*, que se retorciam divertidos, e rompi o encanto de nosso embaraço. Com uma reverência cerimoniosa, ergui a cabaça para brindar e bebi. Tomei o primeiro gole com cuidado, imaginando que se tratasse de leite de cabra. Mas no momento seguinte já estava bebendo com mais sofreguidão, e Jean seguia meu exemplo em tudo. O que nos tinha sido oferecido era sem dúvida pulque, uma bebida fria surpreendentemente saborosa que contém uma pequena dose de álcool e é feita a partir do suco do "maguey", uma planta de folhas carnosas.

De repente, ouvimos risos e conversas às nossas costas. Sem que percebêssemos, tinha-se formado uma aglomeração de mulheres, crianças, adolescentes e dois ou três velhos. E todos continuavam rindo e conversando. Não nos restou outra coisa a fazer que não fosse nos curvar como palhaços no picadeiro — o que arrancou novos aplausos daquela gente simples. Essa teria sido uma cena especial para Jean apaixonado pelo vídeo, ainda que não nos tivesse mostrado exatamente no papel de ousados aventureiros. Mas era sem dúvida engraçado, e nós portanto acenamos para as pessoas. Parece que, aos olhos delas, isso encerrava o espetáculo, pois logo em seguida a aglomeração se desfez. Permaneceu somente um grupo de crianças, cuja curiosidade ainda não tinha sido satisfeita.

Jean disse a Mapita que primeiro queríamos dar uma olhada na aldeia e depois apanhar nossas coisas no bote. A mulher assentiu amavelmente e em seguida pareceu ter pressa para voltar à sua cabana. Nós então fizemos o que Jean tinha anunciado, sempre seguidos pelo enxame de crianças. Mas *Chica* não estava mais ali; desaparecera dentro da cabana junto com a mãe e o irmãozinho.

A tarde já ia avançada e a hora da sesta já havia passado. Nós conversamos com alguns moradores e constatamos que a maioria conseguia se fazer entender em espanhol de forma bastante plausível. Especialmente um dos velhos, cujo nome índio era Pichuk, falava com bastante fluência. Aí estava outra vez algo que me lembrava as figuras da história de Jean. Nesse caso era a semelhança dos nomes. Por outro lado, ao ver o rosto, largo, chato e estóico de Mapita, os cabelos negros divididos por uma risca muito nítida, formando duas tranças entremeadas de fitas coloridas, pensei sem querer se Aulih, a Velha Sábia, não tivera aparência semelhante quando era mais jovem.

Pichuk era uma pessoa com sede de conhecimentos e estava especialmente interessado em nossos países de origem. Um de seus comentários nos fez concluir que ele não gostava muito dos norte-americanos, que tinham pilhado o país deles e destruído as culturas indígenas com seu "*American way of life*". Como Jean, apesar de admitir que era americano, não criticasse esse "trauma" americano, e como, além disso, os pais dele fossem oriundos do Canadá, não percebemos nenhum ressentimento na voz de Pichuk quando ele continuou:

— Canadá é o país da avó, *verdad*? — De fato fazia já mais de um século que as tribos de índios das pradarias norte-americanas tinham difundido esse conceito, que se referia à velha rainha Vitória. Naqueles tempos, chegara até mesmo a eles o comentário de que a rainha da Inglaterra era a avó de muitas casas reais européias.

— *A la verdad* — Jean confirmou sorrindo. — E o marido da avó era um *alemán*. Ele se chamava príncipe Alberto.

— Um *alemán* como o *Señor* Klaus? — o índio perguntou descrente. — Então ele também é um príncipe?

Jean precisou fazer um malabarismo verbal para esclarecer a questão da minha relação de parentesco com o príncipe Alberto von Sachsen-Coburg-Gotha. Apesar disso, não foi muito bem-sucedido, pois a expressão de Pichuk continuava sendo de dúvida. Parece que ele tinha gostado da idéia de abrigar um "príncipe" em sua humilde aldeia.

Eu já falei, em outra ocasião, da tenacidade de Jean para atingir um determinado objetivo, mas eu jamais teria previsto que, para explicar um parentesco muito, muito distante, ele faria uma comparação com a diluição de um veneno em quantidades cada vez maiores de água. Pelo menos era algo próximo, já que tínhamos falado desse assunto poucas horas antes. Possivelmente, o propósito desse circunlóquio era desviar a conversa para as relações locais. Mas a manobra fracassou completamente, ao menos de imediato.

De golpe, o rosto de Pichuk ficou rígido e sem expressão. Quando o rumo da conversa mudou, usei todos os meus conhecimentos de espanhol para me informar sobre a alimentação dos guajaras. O índio me atendeu prontamente. Eles tinham algumas lavouras no perímetro da aldeia onde cultivavam milho, mandioca, painço e batata-doce, plantavam ainda diversas hortaliças, alguns pés de café e de cacau, embora vinte anos antes tivessem perdido o que era originalmente sua principal fonte de alimentos: a pesca. Logo depois que a mineração de cobre e de prata nas montanhas começou em larga escala, as águas do rio se turvaram, e os habitantes da aldeia morreram em massa.

— Veio da Sociedade — disse Pichuk, apontando para o velho latão de óleo, próximo à sua cabana e cuspindo sílaba a sílaba as seguintes palavras: — Da Sociedad Mineria de Responsabilidad Limitada.

Aí estavam elas, portanto, as ominosas letras SMRL. Quantas vezes esse índio deve ter repetido com esforço — ou com ódio — esse nome, até poder pronunciar corretamente um trava-línguas como esse. A partir de então, ele falou só da "Sociedad" ou da "Esse-Eme". Jean e eu trocamos um olhar significativo. Ali se confirmavam todas as suposições ameaçadoras que tínhamos pintado em nossa imaginação. A poderosa sociedade de mineração tinha escavado o poço e erguido o moinho de vento, e além disso lhes trouxera cabras, uma dúzia de cabras marrons. Mas a água do rio tinha sido estragada para sempre. A maior parte das espécies de peixes, de moluscos e de caranguejos morreu, e os poucos que se adaptaram à concentração dos elementos tóxicos tornaram-se intragáveis.

A princípio os guajaras pensaram em se estabelecer em outro lugar, mas sobreviver na selva era impossível, e a administração distrital informou-os que não podiam dar-lhes nenhum outro pedaço de terra. Eles não se admiraram com isso, pois toda a terra boa para a agricultura já estava havia muito nas mãos de grandes sociedades que administravam plantações de café e de bananas. Além disso, havia também os "estancieros", com sua fome insaciável por novos pastos para seus rebanhos. Embora fossem os habitantes originais dessa terra, não restava nenhum outro lugar para os guajaras além da aldeia às margens de um rio poluído.

Eles conseguiram sobreviver com a criação de cabras e, finalmente, chegaram até a acostumar-se com essa vida. Aos poucos, sorrateiramente, aproximou-se então a segunda catástrofe. Já por ocasião da primeira, tinham proposto a eles que abandonassem a aldeia para distribuí-los em pequenos grupos por algumas plantações onde se necessitava de trabalhadores, principalmente para a colheita de café e de banana. Mas os guajaras conheciam o destino daquelas pessoas, que eram tratadas como escravos e, além da liberdade, perdiam também a sua identidade. E Pichuk, homem simples, queria dizer com isso que, no máximo em três gerações, não haveria mais guajaras se eles tivessem sucumbido àquela duvidosa sedução. Mesmo não sendo profundos conhecedores desse país, só podíamos concordar com isso.

E assim eles permaneceram na aldeia, com seu moinho de vento e suas cabras. De vez em quando, a generosa Sociedad lhes mandava dois grandes caminhões carregados com esses fantásticos tonéis de óleo, cujas tampas já tinham sido retiradas com maçaricos, e, além disso, já tinham sido lavados a fundo com produtos químicos. Num empreendimento em que se tinha tanta preocupação com a proteção do meio ambiente, isso tinha que ser simplesmente um ponto de honra. Além disso, os motoristas dos caminhões traziam um convite: qualquer um dos guajaras que quisesse, poderia ir com eles até o campo de mineração e convencer-se de que tudo estava sendo feito para que logo o rio voltasse a ficar limpo.

— E as pessoas acreditaram nisso?

— Os motoristas não só trouxeram tonéis de petróleo, como tinham ainda outros presentes — explicou o velho índio com amargura. — Latas com saborosa carne em conserva e frutas estranhas e doces. E uma caixa inteira de tequila. Eu ainda a tenho na cabana — a caixa vazia, eu quero dizer. Querem vê-la, *Señores*?

— Logo vai estar escuro — disse Jean esticando o queixo para o céu com um movimento indeterminado. — Não temos muito tempo para descarregar nosso bote. Mas amanhã cedo gostaríamos de ouvir mais sobre isso. Está bem para você, Pichuk?

— *Mañana* — o velho índio retrucou sorrindo. — Os senhores são bem-vindos.

IX

Como sempre, Jean tinha tomado o devido cuidado para que nosso equipamento estivesse embalado de forma organizada, em vários pacotes amarrados, e colocados na parte central do bote. Dessa maneira, em primeiro lugar, não havia perigo de que algo resvalasse, e, em segundo lugar, o espaço na proa e atrás, perto do timão do motor, ficava livre. Havia muitas mãos para ajudar-nos a descarregar; mal eu apanhava um pacote das mãos de Jean, que estava em pé no barco, e já havia um par de indiozinhos para levá-lo do embarcadouro para a terra firme. Sacos de dormir, colchões infláveis com a respectiva bomba de ar, nosso "cofre de alimentos", que além de conservas e de biscoitos continha também um bico de gás e uma lanterna, e ainda a geladeira portátil e a garrafa térmica com um resto de chá de limão. E minha "Maria", naturalmente! Queríamos deixar o galão de reserva de gasolina no barco, além da "farmácia de bordo", mas Jean se lembrou então de que ela também continha o repelente de insetos, e foi a última coisa que ele me passou. Quase tropecei num dos indiozinhos tentando alcançá-la. Passar-lhe a caixa e esquivar-me foi um só movimento, e puro reflexo. Mas aí eu cheguei à borda posterior do embarcadouro, e então aconteceu.

Uma das tábuas podres cedeu com o meu peso. Era óbvio que eu ia cair na água, mas eu queria pelo menos evitar bater contra a borda, e inclinei-me rapidamente para um lado.

A dor atravessou minha coxa como um golpe de faca, e eu gritei sem ter consciência de que estava gritando. Mas ainda me lembro claramente como Jean subiu ao embarcadouro de um salto enquanto o sorriso morria em seu rosto. Eu ainda me admirei ao ver como a criançada fez eco ao meu grito, e também descobri que a água a meu redor se tingia de uma cor avermelhada.

— Venha aqui, rápido! — chamou Jean, enquanto se ajoelhava e estendia a mão para mim. Consegui segurá-la, mas balancei a cabeça quando ele quis me puxar para cima.

— Não, não! Oh, maldição! minha perna ...

Agarrei-me à borda do embarcadouro e me arrastei até a margem, aonde cheguei coxeando. Lá pudemos avaliar o estrago. Meus *jeans* estavam rasgados na altura da coxa direita, a perna direita embebida em sangue até o pé. Pode parecer uma idiotice, mas justo nesse momento eu me lembrei da história da diluição dos tóxicos. Nenhum ser humano poderia ter perdido aquela quantidade de sangue em tão pouco tempo, e portanto deveria tratar-se principalmente de água.

— Mas claro!! — rosnou Jean, quando murmurei qualquer coisa a esse respeito, mas a essas alturas ele já tinha tirado o cinto de suas calças, atando-o ao redor de minha coxa. — Segure firme!

De alguma maneira, ele conseguiu organizar nosso "departamento de transporte" com poucas palavras, destacando um dos jovens como nosso "batedor"; ele parecia saber exatamente aonde queríamos ir, afugentando os outros que iam diante dele até a cabana de Mapita. Jean colocou meu braço ao redor de seu pescoço e me carregou para a cabana. Sustentado dessa maneira, entrei mancando.

Com os gritos dos meninos, Mapita e *Chica* já tinham saído. A mulher viu os esforços que eu estava fazendo para manter o torniquete apertado. Ela nos levou para dentro sem fazer qualquer pergunta. Na parede lateral, próximo ao fogão de barro, havia um patamar baixo feito de tijolos e coberto com uma placa de madeira. Com decisão, Mapita apanhou um colorido tapete trançado do chão, colocou-o sobre o patamar e ajudou Jean a deitar-me ali em cima. E sem qualquer aviso prévio, Jean tirou minhas calças.

Eu quero contar o que aconteceu a seguir da maneira mais breve possível. Com as pinças, Jean retirou algumas farpas de madeira dura e negra da ferida, que tinha uma aparência bastante feia. Mas a hemorragia vinha das camadas mais superficiais da pele; as artérias mais profundas estavam intactas. Minha suposição a respeito da água estava, portanto, correta. Isso eu lhe disse quando lhe devolvi o cinto, mas um pouco mais tarde, pois antes eu ainda precisava dele para morder enquanto Jean gastava metade de nosso estoque de tintura de iodo para pincelar a ferida. Quanto à gaze, não sobrou nada depois que o curativo ficou pronto. Durante todo esse tempo, Mapita ficou ali ao lado, segurando a lâmpada a óleo, que antes pendia do teto sobre a mesa.

Quando Jean guardou as coisas na farmácia portátil e saiu, ela colocou a lâmpada de volta em seu lugar e começou a falar. Então eu fiquei sabendo por que *Chica*, que estava lá atrás com olhos assustados, nos tinha atraído para o lado "bom" do embarcadouro, onde as crianças estavam brincando na água. Do lado "ruim" havia antes uma prancha maior que, no entanto, apodreceu quando os guajaras tiveram que parar de pescar. Dois ou três dos antigos pilares ainda não tinham apodrecido completamente e eram agora um perigo sob a água. Em lugar de se desfazer, ao longo dos anos, eles tinham se tornado duros como pedra. Era disso que *Chica* queria nos avisar e nos afastar, mas em sua excitação não encontrou as palavras em espanhol para dizer isso, fazendo-o por gestos. Enquanto sua mãe esclarecia a questão, os olhos úmidos da pequena brilhavam, e eu então a chamei para perto de mim, para confortá-la. Como a dor inicial já tinha passado, eu em pouco tempo consegui fazer com que ela sorrisse.

Foi só então que tive a oportunidade de dar uma olhada na cabana. O canto onde estava o tapete trançado era uma espécie de altar doméstico. Ao lado de duas imagens baratas e de uma vela, havia também alguns amuletos e fetiches adornados com plumas que, com certeza, não tinham nada a ver com a religião cristã, e sim com vodu ou com outro tipo de culto. O centro do aposento estava ocupado por uma mesa simples, ao redor da qual tinham sido agrupados um banco e várias banquetas. Só o fogão e o estrado onde eu estava deitado eram de alvenaria. Armários, no exato sentido da palavra, não havia nenhum, e sim uma série de caixas de madeira que, presas à parede, faziam as vezes de prateleiras, guardando apetrechos de cozinha feitos de madeira e de barro, talheres simples e recipientes de folha-de-flandres. A peça que era o orgulho da mobília ocupava um lugar de honra. Encostada na parede da frente, sobre uma estante estreita entre as duas janelas, estava uma antiqüíssima máquina de costura Singer. Ela chamaria a atenção não só num mercado de velharias, mas até mesmo em muitos museus. Evitei calcular seu valor em dinheiro, pois isso me pareceu uma indignidade. A bela peça parecia estar em perfeitas condições de uso, e esclarecia a razão por que só Mapita e *Chica* vestiam aqueles vestidos de chita, enquanto todos os demais, em geral usavam camisetas e *jeans* ou outras roupas de Kaliko, fabricadas em série. Tentei em vão imaginar como seria possível costurar naquela máquina e girar a manivela ao mesmo tempo, já que ela não dispunha do mecanismo para operá-la com os pés, muito comum nos modelos mais modernos.

Além da entrada, havia mais duas passagens para outros cômodos, guarnecidas com cortinas de ráfia. Uma levava sem dúvida a um cômodo lateral, provavelmente um dormitório, e a outra dava para os fundos. Por ela saiu Mapita e, enquanto *Chica* começou a colocar louça sobre a mesa, disse com muita cautela, como se tivesse formulado a sentença cuidadosamente:

— A mãe precisa fechar bem o cercado quando escurece, para que o jaguar não pegue as cabras. Ele costuma aproximar-se da aldeia à noite e, inclusive de dia, já comeu cabras que tinham ido muito longe.

Ela naturalmente não usou a palavra jaguar, ao falar do "tigre", mas eu tinha aprendido há muito tempo que no Novo Mundo essa designação refere-se principalmente ao jaguar ou à onça, às vezes aos leopardos e, no México, até mesmo ao leão da montanha, o puma. Não consegui descobrir até hoje por que isso é assim.

— E não há ninguém lá para caçar o "tigre"? — eu perguntei.

Chica balançou a cabeça, aflita.

— Nós não temos armas, e o "tigre" também é perigoso para as pessoas. Ele já comeu cinco cabras este ano.

— E você acha que é sempre o mesmo?

— *Si señor*. As pessoas já o afugentaram algumas vezes à noite, mas quando fazem isso eles nunca estão sozinhos e sempre levam tochas.

Agora que tinha vencido a timidez, ela falava quase fluentemente, mas ao voltar-se para a outra porta e gritar algo, usou a língua guajara.

A cortina de ráfia foi afastada para um lado, os fios com bolinhas de madeira matraquearam. Era o nosso pequeno amigo, que atuara como batedor, evidentemente outro irmão mais jovem de *Chica*. Com meu ferimento, não percebi que ele também tinha entrado e ficara cuidando do membro mais novo da família, que agora, encabulado, embalava nos braços. Parece que nenhum dos dois tinha conseguido articular um único som devido à mistura de medo e de admiração que sentiam pelos "gringos". Quando *Chica* voltou a falar com ele, tomando o pequeno de seus braços, ele esfregou os pés descalços no chão, sentindo-se pouco à vontade. Supus que ele deveria ir procurar Jean, cujo nome, "señor" Jean, naturalmente, pude discernir em suas palavras. Ele então correu aliviado, como se tivesse a consciência pesada por algo que não quisera reconhecer antes.

Eu sentia uma espécie de admiração por aquelas crianças, que de tão bom grado participavam da organização familiar e da aldeia sem perder nem um pouco da infantilidade e da alegria de viver. Como a mãe, eles também faziam o que precisava ser feito e ... Neste ponto meus pensamentos estancaram, como se brecados por um freio de emergência invisível.

E onde estava o pai das crianças? Onde estavam os homens mais jovens da aldeia?

Não me animei a formular um só pensamento a partir de um pressentimento tão vago, e então Jean apareceu finalmente, acompanhado pelo jovem e trazendo meus *shorts*.

— Eu tinha deixado o "quartinho de despejo" no barco e precisei apanhá-lo — ele explicou, enquanto me ajudava a vestir o calção. — E além disso já preparei nosso acampamento. Está bem para você?

Fomos interrompidos pela volta de Mapita. Entrando pela porta traseira, ela tinha nas mãos uma grande frigideira e uma panela de ferro, que colocou sobre a grelha fria do fogão. Ela então levou as crianças consigo, e juntos eles trouxeram uma série de tigelas de barro que foram acomodadas sobre a mesa. Seu rosto então se iluminou todo com a alegria que sentia quando se dirigiu a nós.

— Os senhores nos dão a honra de comer conosco? Por favor ...

Eu estava realmente assombrado, e Jean não estava menos.

— *Gracias, Señora* — ele murmurou, esquecendo o pedido dela para ser chamada simplesmente pelo nome. — *Muchas gracias.*

Somente quando já nos tínhamos sentado e ela servia nossos pratos no fogão frio é que eu entendi por que não se percebia nenhum cheiro de comida. A porta de trás dava para uma pequena varanda coberta, e lá havia um lugar para cozinhar, a cozinha usada normalmente. O fogão que havia dentro de casa provavelmente só era usado quando chovia. Não tinha chaminé e, portanto, devia soltar muita fumaça, o que só era uma vantagem com relação às moscas, mas não afastava o perigo, bastante considerável, de um incêndio. Somente um teto molhado pela chuva poderia evitar isso.

Ao gesto convidativo de Mapita, eu abandonei o leito e me sentei no banco. Ela ficou me observando e aproximou uma banqueta, para que eu pudesse apoiar a perna ferida, coisa que consegui fazer. Ela pareceu ficar muito satisfeita. Depois de colocar o tapete trançado de volta em seu lugar, no "Cantinho de Nosso Senhor", Mapita levantou uma parte do tampo e retirou dois cântaros de barro que estavam envoltos em uma grossa rede de sisal molhado.

— Nosso velho truque — disse Jean, sorrindo para ela. — Nós envolvemos garrafas de cerveja em panos molhados e as penduramos ao vento. Há um respiradouro no porão em miniatura?

— *Si, Señor* Jean. Veja os buracos lá. Eles produzem uma forte corrente. Assim nós mantemos os cântaros frios e as formigas longe.

Chica voltou a tirar nossas cabaças do armário, cujas duríssimas cascas belamente talhadas e ricamente coloridas, só nesse momento pudemos admirar em detalhes. Assim foi-nos servido pulque que, se não fosse pelo processo de resfriamento, certamente teria logo voltado a fermentar. Para a própria Mapita e para as crianças havia, no outro cântaro, água fresca, na qual a cada vez se espremia o suco de meio limão.

Todos eles, até mesmo o menorzinho, bebiam em púcaros de barro com grande desenvoltura.

Não vou negar que tinha lá minhas dúvidas quanto às criações da cozinha guajara, mas elas se dissiparam quase que de um golpe quando senti o aroma que meu prato exalava. Nele havia algo parecido com purê de milho, que aparentemente tinha sido esfriado, cortado em fatias e assado novamente. Às raízes da mandioca devíamos um mingau saborosamente temperado e, sobre as batatas-doces, vinha uma espécie de ragu, provavelmente de carne de frango que, nas "asas" de temperos exóticos, nos enlevava com seu aroma embriagador. As tigelas, que tinham sido postas na mesa por último, continham frutas cozidas frias, provavelmente adoçadas com melaço obtido do caldo de cana. Eu aprecio a boa comida, e sou especialmente acessível às novidades.

Nesse caso, posso afirmar que a tal cozinha guajara, com toda a sua espontaneidade, originalidade, e sua fantástica criatividade, faria sucesso em muitos restaurantes europeus.

Jean e eu comemos devagar e com grande prazer, e as crianças, que agora estavam finalmente mais descontraídas, acompanharam nossa refeição com um chilrear alegre. Parecia-nos que para eles também se tratava de algo muito diferente da comida de todos os dias. Mapita provavelmente tinha trabalhado a tarde inteira para apresentar-nos uma prova de sua hospitalidade que nós, com nossa modéstia que beirava a falta de tato, quiséramos evitar de maneira tão mesquinha. Por essa razão, não poupamos elogios, e seu rosto quase sempre sério e impassível brilhava com o justo reconhecimento, já que não se tratava de fórmulas vazias, e sim de sincera admiração.

Ela recebeu nosso agradecimento de despedida, inclinando orgulhosamente a cabeça para trás. Ela nos garantiu mais uma vez que sempre encontraríamos um lugar na sua cabana, mas, quando insistimos em ficar em nosso acampamento a céu aberto no estábulo, ela não levantou mais nenhuma objeção. Depois de dar "buenas noches" a ela e às crianças, saímos para a escuridão, clareada mais pela lua do que pelas poucas janelas iluminadas da aldeia.

Nosso "quartinho de despejo" era uma bolsa de viagem onde colocávamos todas as coisas que, no sistema de organização de Jean, não tinham outro lugar para ficar. Aí, ao lado de roupas de baixo limpas, artigos para lavar roupa e outras tralhas, entrava também a lanterna de bolso, a cuja luz nós agora nos acomodávamos nos colchões de ar colocados bem juntos, um ao lado do outro. O clima continuava ameno, de maneira que prescindimos até mesmo de nossos leves sacos de dormir tropicais. Eu estava feliz por estar na posição horizontal, pois assim podia esticar minha perna.

— Dói? — perguntou Jean, que não deixou de perceber esse fato.

— Mais ou menos — respondi, embora isso não correspondesse totalmente à verdade.

Como se em concordância silenciosa, nós dois apagamos as lanternas e ficamos ouvindo os ruídos da noite tropical. Lá no fim da aldeia um cão latiu, outro respondeu, e uma vez nós achamos que tínhamos ouvido o grito lancinante de um falcão noturno. Como sombras, um casal de morcegos esvoaçava pelas amplas aberturas do estábulo, lembrando-nos de seus parentes distantes, os cães voadores da caverna na desembocadura do rio. Do cercado vizinho chegava até nós um cacarejo suave e o gorgolejo irado de um peru, mas havia um ruído de cuja onipresença nós já praticamente não tínhamos mais consciência: toda a paisagem era continuamente inundada pelo canto ininterrupto das cigarras.

— Estranho como aqui praticamente não há mosquitos — a voz de Jean interrompeu nosso longo silêncio.

— Talvez isso também tenha a ver com o rio — disse eu logo, provando que ainda estava acordado. — Embora as larvas das moscas cresçam na água ...

Ele não continuou com esse tema, parecendo entender imediatamente o que eu queria dizer. Em vez disso, um pouco depois ele constatou:

— Você não consegue dormir. E o que você mais quer é que eu continue com a história ...

Não retruquei nem reagi de qualquer outra maneira. Ele então começou, espontaneamente. E já com suas primeiras sentenças, comecei a esquecer as dores que sentia.

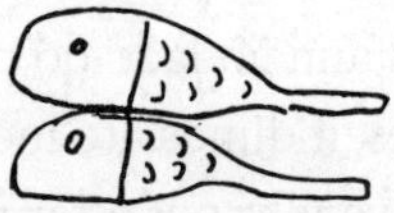

X

O poder de Isikeh não arrefecera. A geada continuava agarrada ao chão, embora os dias se tornassem cada vez mais longos e a capa de gelo, cada vez mais delgada. Aqui e ali, em lugares aquecidos pelo sol, desafiando até mesmo a geada noturna, começavam a surgir os primeiros brotos. Todos sabiam que levaria ainda mais de dois meses até que o Pai Sol Hoh conseguisse a vitória, e por isso ela não se incomodava. Junto com a luz, voltariam também as enchentes de verão.

Depois da partida de Aulih, o corvo branco também desaparecera. Ele surgiu no terceiro dia, um pouco antes do pôr-do-sol, vindo da direção das Montanhas Negras, e pousou no lugar de sempre. As meninas espalharam a notícia alegremente, apressando-se a colocar comida sobre a pedra, coisa que já se tinha tornado um hábito. Mas dessa vez o pássaro não a tocou, permanecendo imóvel em seu alto poleiro.

Um pouco mais tarde, quando já começava a escurecer, surgiu uma pequena figura que parecia perdida na imensa superfície branca. Aulih aproximava-se com passos curtos, mas em cada um de seus movimentos percebia-se algo de perseverança e de tenacidade, frutos de uma vida de privações.

Todos deixaram as cabanas ao mesmo tempo: as mulheres, as crianças, os caçadores, todo o clã. Aulikah e Eschah, que tinham dado à luz praticamente ao mesmo tempo, vieram com seus bebês, mas só Aulikah foi ao encontro da mãe, chegando até os limites da aldeia. Seu rosto assustado refletia a preocupação que sentia.

— Aqui estou eu outra vez — disse a Velha Sábia com simplicidade, afastando a pele que cobria o rosto do menino-lobo e acariciando suas bochechas com as costas dos dedos. — Venha!

Em meio às choças, ela foi cercada pelos outros. Aulih moveu a cabeça, e então os outros também se deram conta. O corvo branco, que acabava de engolir o último pedacinho do "pam" que estava sobre a pedra, como se nunca tivesse se ausentado, olhou para as pessoas envoltas em peles e, com poucos e rápidos movimentos das asas, deu uma volta sobre suas cabeças. Seus grasnidos curtos, que só raramente se escutavam, pareciam uma despedida. E dessa vez ele tornou a voar em direção ao leste — para lá, onde o Pai Sol Hoh acordava agora cada vez mais cedo.

— Sim — disse Aulih, antes mesmo que alguém pudesse fazer alguma pergunta. — Para lá segue o nosso caminho. Logo. Mas nós não vamos fugir em segredo. A Mãe Terra Goah falou comigo e me deu força para enfrentar Schambuh. Em três dias a Lua estará redonda. Então os clãs se encontrarão na Montanha Corcunda. Nossas crianças também devem ter um bom nome, e todo o Povo Oriental deve conhecê-lo. Depois, nos poremos em marcha. Amanhã prepararemos tudo.

Todos os equipamentos necessários tinham sido amarrados sobre cerca de uma dúzia de tobogs, e as crianças tinham sido acomodadas sobre alguns desses fardos. O clã inteiro do Vale dos Mamutes partiu em caravana pela paisagem desolada à qual, mais tarde, homens eruditos dariam o nome de "Beríngia". Aqui e ali era preciso evitar superfícies pedregosas ou lugares de onde o vento tinha varrido a neve.

Eles caminhavam na direção de um cume de montanha que já se podia divisar a grande distância; muito ao norte da região dos bosques de taiga, ele se sobressaía como uma cunha fincada na estepe gelada da tundra. Lá, aos pés da Montanha Corcunda, ficava há muitas gerações o local de reunião do Povo Oriental, onde os clãs se encontravam duas vezes por ano. Uma dessas ocasiões era a Cerimônia dos Nomes, quando, depois que noites tornavam-se inclementes, a Lua se arredondava pela terceira vez e os dias ficavam mais longos.

De fato, a silhueta da montanha distante parecia a corcova de um bisonte das estepes, que nos últimos anos tinha-se tornado bastante raro. Aos pés da Montanha Corcunda ainda se podia reconhecer com clareza as trilhas pisadas em suas migrações pelas numerosas manadas dos animais das estepes, que passavam o verão na tundra e o inverno sob o abrigo do cinturão florestal. O lugar ficava a uma distância conveniente, já que os caçadores do Povo Oriental, e também os de outras tribos, procuravam a caça ao longo dessas trilhas. Os grupos de caçadores, portanto, reuniam-se ao pé da Montanha Corcunda na primavera e no outono. A conseqüência disso foi a caça predatória que terminou por espantar os animais. As manadas ficavam cada vez mais raras, em parte porque o número de animais diminuíra drasticamente, e em parte porque eles evitavam o perigo e procuravam outras rotas para suas migrações. As outras tribos se retiraram ou seguiram a caça em regiões remotas. O Povo Oriental permaneceu. O clã dos Homens Barbudos e de Schambuh chegaram inclusive a se instalar ali de forma mais ou menos permanente. Mas a lembrança dos encontros permanecia viva em todos os clãs, e tornou-se uma tradição à qual sobretudo as mulheres se apegavam, pois, apesar das muitas rixas, dessa maneira o sentido de solidariedade da tribo era reforçado. Além disso, havia outra circunstância cujo papel não deveria ser menosprezado, uma vez que as mulheres passavam todo o ano somente em companhia apenas dos membros do próprio clã, enquanto os caçadores sempre encontravam homens de outros clãs em suas excursões e podiam tagarelar e satisfazer sua curiosidade. E também não se deveria esquecer dos jovens ...

O que tinha começado como reunião de grupos de caçadores adquiriu outro significado com o passar do tempo. Havia três pontos principais: para os jovens, o encontro junto à Montanha Corcunda tornava-se cada vez mais uma oportunidade para arranjar casamento, pois desde tempos imemoriais há no homem uma evidente repulsa inata para escolher um companheiro de vida entre os parentes próximos. Os chefes e xamãs apaziguavam os litígios ou, em longas conversas junto ao Grande Fogo, deliberavam sobre questões vitais para a tribo. Pelo menos era isso o que eles diziam. Mas essa era só uma meia-verdade. Aproveitando as reuniões "só para homens", outro atrativo tão grande quanto esse era certamente a oportunidade de celebrar ritos secretos, praticar a magia e a feitiçaria, ou exibir-se numa apresentação cuja "coreografia" tinham aperfeiçoado ao longo de todo o ano. Naturalmente, as conversas intermináveis também eram importantes, uma vez que por meio delas até o chefe mais insignificante podia colocar sua importância à prova. Tudo isso era movido um pouco também — agora observando o evento de um ponto de vista "feminino" — pelas mulheres. Pois qual é a mulher que não gosta de mostrar uma bolsa de couro nova, especialmente bonita, uma jóia original ou um vestido de couro totalmente diferente do que foi usado no ano anterior? Havia sido instituído um verdadeiro culto no que se referia aos calçados. Originalmente uma desajeitada funda de pele ou de couro, agora eles podiam ser tingidos de cores diferentes, adornados com fitas coloridas ou feitos de forma a ficar mais confortáveis. Circulavam "receitas culinárias" usando ervas, raízes e frutas silvestres, e carnes e peixes. Sobre o "pretendente", falava-se só com voz abafada, o que quase sempre terminava em risinhos e cochichos. E havia naturalmente as crianças.

Foi somente na última geração que as mulheres estabeleceram que sempre apresentariam a toda a tribo, como novo membro, o recém-nascido do ano anterior. Nessa ocasião uma "testemunha do nascimento" anunciava o "nome bom" da criança, que era repetido em coro pelos xamãs e em seguida, por todos os presentes. A cerimônia se encerrava com a dança das mulheres ao redor do fogo, coberto com ramos novos de pinheiro, árvore que permanece verde durante todo o ano. A fumaça que produziam faria com que o nome do recém-nascido fosse conhecido entre os bons espíritos, recomendando-o à sua proteção. Esse costume, criticado pelos xamãs porque nessas ocasiões perdiam seu papel dominante, era defendido pelas mulheres com teimosia e veemência. Para elas, tratava-se de um símbolo da autonomia e da solidariedade delas, além das fronteiras do clã.

Normalmente a caravana do Povo Oriental rumo ao sopé da Montanha Corcunda era uma espécie de "peregrinação" alegre. Mas dessa vez as coisas eram diferentes. Perto do final do primeiro dia de marcha, o clã do Vale dos Mamutes encontrou-se com o clã do Castor, com o qual tinha laços de amizade e também de parentesco, pois uma de suas mulheres mais jovens e também Erec descendiam dele. Os dois clãs acamparam juntos para passar a noite. As tendas, erguidas com paus e peles que sempre levavam consigo, não protegiam muito bem das inclemências do tempo e, além disso, tinham uma abertura no alto. No entanto, amenizavam o frio da noite, pois se podia acender uma fogueira em seu interior. Eles se acocoravam até tarde da noite ao pé do fogo, mantendo conversas sérias ou até mesmo assustadoras. Foi nessa ocasião que Aulih e seu clã ficaram sabendo do boato que já fazia parte da conversa diária dos outros clãs.

Por intermédio de Agaruk, o fanfarrão e fofoqueiro, a segunda mulher de Schambuh, que era sua cunhada, ficou sabendo do menino-lobo de Aulikah e da profecia da Velha Sábia, de que o corvo traria à luz do dia a verdade sobre o destino de Erec. Depois de ficarem sabendo dessa história, ninguém do Povo Oriental duvidava que essa profecia era contra o poderoso Schambuh. E ela finalmente chegou também aos ouvidos do próprio Schambuh.

Um xamã tão astuto e experiente em todo tipo de perfídia não poderia ignorar que os rumores haviam começado no clã dos Homens Barbudos, de onde viera a segunda mulher dele. O fato de que ela lhe tivesse ocultado isso deixou-o incrivelmente irado. Em um ataque de fúria ele, à base de pancadas, arrancou-lhe toda a história e a história de sua propagação e finalmente, com o apoio de sua implicante mãe, expulsou numa noite gelada a vítima de sua ira da choça, totalmente nua. O medo que todos sentiam da cólera e da vingança de Schambuh era tão grande que ninguém de seu clã se atreveu a abrigar a mulher; afinal, muitos dentre eles tinham ouvido as imprecações proferidas contra ela por Schambuh e pela velha. Assim, deram-lhe alguma roupa em segredo e a mulher repudiada teve que empreender a caminhada por entre as colinas, rumo ao seu clã de origem, o dos Homens Barbudos, acompanhada somente pelos uivos dos lobos. Ela chegou lá semicongelada, e foi acolhida.

Desde que se tinha memória, uma mulher jamais fora repudiada na tribo do Povo Oriental. Mas para Schambuh essa infração dos costumes era um direito óbvio. Confiante de sua autocracia, ele deu ainda mais um passo, mas as pessoas que estavam a seu redor perceberam que o seu gesto era fruto da insegurança. Schambuh começou a tornar-se ele mesmo vítima da crença nos demônios, crença esta que, até então, ele sempre atiçara e usara para seus próprios fins.

Isso estava relacionado com a profecia de Aulih sobre o corvo. Durante o verão, quando criavam a ninhada, os corvos estavam sempre em pares. Eles só se reuniam em pequenas colônias no inverno, para procurar a proteção das árvores que cresciam nas encostas das montanhas. Eles jamais se reuniam em grandes bandos como seus parentes, as gralhas, que sempre formavam grupos ou colônias de uma dúzia de pássaros ou menos. Nisso, seguiam o exemplo de outros seres vivos, os chamados seres humanos. Pelo menos era assim que pensava o Povo Oriental, pois essa idéia os fazia pensar nos elos que uniam seu próprio clã e suas famílias.

Em muitos invernos, colônias de corvos eram vistas nas cercanias da Montanha Corcunda. Algumas vezes, eles tinha aparecido também no acampamento do clã de Schambuh, atirando-se sobre os ossos e restos de carne que de vez em quando sobravam das refeições dos cães. Mas nas árvores que ficavam atrás do acampamento permanente do clã de Schambuh nunca antes tinha-se instalado uma colônia de corvos como naquele inverno. Havia centenas deles. Isso com certeza seria interpretado como um sinal de mau agouro pelas pessoas supersticiosas, inclinadas à crença nos demônios, ainda mais quando uma profecia rondava-lhes a mente. Isso, ao menos, Schambuh parece ter visto claramente.

Ele esperou uns dias, alvejou um corvo com uma flecha, apanhou o pássaro indefeso que se debatia no chão, e o matou. Não se sabe o que ele pretendia com isso, mas sabe-se que ele levou o corvo morto para a mãe, passando a partir daí mais tempo do que de costume em sua cabana. O xamã estava tramando alguma coisa e, de acordo com sua natureza, só podia tratar-se de algum malefício.

Quando soube de tudo isso, Aulih simplesmente balançou a cabeça. Dela emanavam agora uma energia e uma segurança que as pessoas não podiam deixar de notar. Também fazia-lhes pensar o fato de que a Velha Sábia exibia ostentosamente sobre o manto de pele o grande colar com o medalhão amarelado de marfim de mamute, certamente um desafio aos olhos dos xamãs. A própria Aulih provavelmente tinha consciência de tudo isso, mas não parecia preocupada. Ela anunciou aos outros seu plano, que num primeiro momento os assustou, mas sua decisão inabalável e o conhecimento de que Aulih tinha falado com a Mãe Terra Goah no "vale fumegante", fez com que eles superassem todos seus medos e receios. Quando prosseguiram a jornada na manhã seguinte, Aulih estava certa de poder contar com o apoio do clã do Castor.

Era meio-dia quando eles chegaram ao ponto de encontro no sopé da Montanha Corcunda, encontrando lá a maioria dos outros clãs. Normalmente teria ocorrido uma alegre saudação entre parentes, mas dessa vez era como se houvesse uma tensão oculta pairando sobre o encontro do Povo Oriental; tudo parecia abafado, furtivo. Os clãs do Castor e do Vale dos Mamutes logo procuraram um abrigo seguro para as renas. Uma área suficientemente grande, coberta de pasto e de arbustos e próxima ao riacho, foi cercada com cordas feitas de tiras de couro, de modo que os animais não pudessem fugir e tivessem alimento suficiente. Eles então ergueram as tendas ao abrigo das árvores que cresciam na encosta da Montanha Corcunda, acenderam as fogueiras e cuidaram das crianças. Já estava começando a escurecer quando tiveram início as primeiras visitas recíprocas.

Ao mesmo tempo, os xamãs e os chefes iniciaram a primeira reunião no lugar de costume; uma depressão protegida do vento, não muito longe da casa de magia de Schambuh, em meio à qual tinha sido feito um anel de pedras para o fogo. Outras pedras, também ordenadas em círculo, mas afastadas umas das outras, serviam de assentos; estes, no entanto, não eram suficientes, de maneira que alguns participantes tinham que contentar-se com troncos de madeira trazidos para a fogueira ou com pilhas de ramos de pinheiros.

Como era previsível, Schambuh fez outra vez sua grande entrada. Todos os olhares, não somente dos participantes da reunião do conselho mas também os dos espectadores situados na borda superior, junto às árvores, dirigiram-se à cabana quando a cortina de peles da entrada foi puxada. Primeiro apareceu a mãe de Schambuh, uma mulher alta e muito magra, com os traços bem marcados. Ela manteve a cortina aberta, fazendo assim uma moldura para o filho, que saiu abaixado, deu dois passos e só então ergueu-se em toda sua estatura. Normalmente, sua pouca altura teria sido superada em muito pela da mãe, mas havia ainda o grande toucado de xamã, que ajudava a dar-lhe uma aparência imponente, fazendo com que parecesse mais alto do que a mulher. Schambuh tinha consciência desse efeito, e a velha também, mas a expressão de triunfo estampada na cara de ambos tinha outra razão de ser.

Um murmúrio percorreu os espectadores e participantes da reunião do conselho quando a monstruosidade surgiu em seu campo de visão. O toucado tinha sido totalmente modificado, parecendo agora um enorme boné de pele de urso que se alargava para cima. Mesmo à luz do crepúsculo, era possível perceber que em ambos os lados tinham sido fixadas asas de corvo. Logo em seguida, pôde-se ver mais claramente, pois a mulher tinha voltado à cabana e dera ao filho uma tocha. O brilho vermelho da chama iluminava o rosto do xamã de baixo para cima, mostrando o que parecia uma máscara desfigurada e ameaçadora. Mas o efeito mais assustador eram a cabeça e o pescoço do corvo abatido, que tinham sido fixados frontalmente na pele de urso, com o bico semi-aberto como se a ave quisesse emitir um grasnido, os olhos fechados por pálpebras escuras. E ao redor desse adorno macabro reluziam seis lascas de obsidiana, como se fossem os olhos negros e malignos dos demônios que tinham vencido o corvo.

A horrível cena pareceu paralisar o Povo Oriental. Schambuh esperou ainda um par de respirações, desfrutando o medo que infundia, para então descer lentamente ao fundo da depressão, o chocalho de ossos na mão esquerda, a tocha na direita. Ele acendeu com ela a lenha que já estava preparada, atirando-a em seguida com gesto insolente.

— Irmãos —, ouviu-se sua voz aguda, mas penetrante. — A tribo do Povo Oriental espera por sua Dança dos Espíritos. Comecem!

Ele se virou e sentou-se sobre uma grande pedra distante alguns passos da fogueira, que estava reservada para ele. Enquanto isso, cerca de uma dúzia de xamãs e de curandeiros dos outros clãs se levantaram e, ao som dos chocalhos e de uma ladainha monótona, começaram a

Dança dos Espíritos ao redor do fogo, tal como era apropriado à alta posição que ocupavam. Schambuh permaneceu em seu lugar, uma imagem imóvel do pavor à luz bruxuleante das chamas.

Pouco a pouco o fascínio que envolvia os espectadores se dissipou. Aqui e ali eles já começavam a conversar furtivamente enquanto seguiam com olhos amedrontados o bater dos pés e os giros daquelas excêntricas figuras. Os corvos, que naquela mesma tarde ainda estavam pousados nas árvores próximas à depressão, tinham desaparecido. Mas os pensamentos das pessoas giravam justamente em torno deles. Fazia tempo que a maioria das pessoas sabia como Schambuh obtivera o troféu que agora adornava seu toucado. E os que não o sabiam, ficaram sabendo naquele momento.

Mais atrás, diante da cabana do mago, permanecia em pé a figura magra da velha, embriagada pelo desejo de participar da vitória do filho. Pois não havia dúvida de que a encenação dramática de Schambuh tinha por objetivo registrar a despreocupação deste e sua vitória sobre a profecia de Aulih. Seus cálculos, porém, só levavam em consideração as aparências. No fundo, as pessoas sentiam a entrada de Schambuh em cena como um sacrilégio contra os espíritos aos quais os corvos serviam de mensageiros.

Todos sabiam como a cerimônia prosseguia. Quando a dança dos xamãs tivesse terminado, Schambuh ordenaria aos espectadores que abandonassem o local da reunião para não perturbar os espíritos que, invisíveis, quisessem presenciar as deliberações dos xamãs e dos chefes. Erec, o jovem chefe do clã do Vale dos Mamutes, não estaria mais entre eles. Esse pensamento comoveu Aulikah, que tinha o filho nos braços. Ela foi a primeira a se retirar, acompanhada por Aulih, a Velha Sábia. Schambuh ergueu a cabeça, olhou para cima, e seus lábios se torceram. Mas em seguida sua boca se congelou, transformando-se novamente numa fina estria escondida sob a barba, quando teve de reconhecer que muitos dos outros nem mesmo esperavam sua exortação e já seguiam as duas mulheres.

O encontro prosseguia de acordo com a tradição de muitos anos. Xamãs e chefes deliberavam até bem tarde da noite, expunham aos olhos uns dos outros seu prestígio e importância, e não tinham o menor receio de que os espíritos fossem perturbados pelas mulheres que durante todo esse tempo lhes traziam as coisas mais variadas. Schambuh, embevecido com o brilho de sua dignidade, dirigia a reunião sem ser contestado. Dava-lhe especial satisfação o fato de que, nas muitas conversas de seus "irmãos", não se tivesse pronunciado uma única palavra de crítica contra ele embora ao repudiar a segunda mulher, tivesse violado tradições antigas e, evidentemente por essa razão, muitos dos membros do clã dos Homens Barbudos não tivessem aparecido para o encontro.

A tarde transcorreu com os contatos usuais entre uns e outros. As mulheres, especialmente, estavam sempre se agrupando, e as mais jovens, velada ou abertamente, tentavam estabelecer contato com o sexo oposto. Então, antes do meio-dia, espalhou-se por todas as tendas e cabanas o cheiro de carne assada, que tinha sido trazida congelada para ser consumida durante o banquete. Antes — no entanto — assim rezava o costume, era preciso proceder à Cerimônia dos Nomes. Esse era o grande momento das mulheres, que para ele usavam suas melhores roupas. Havia sete lactantes e uma criança pequena para serem apresentadas à tribo reunida, o que já tinha sido constatado no dia anterior, quando fora estabelecida a ordem de apresentação das crianças. A tensão de todas as mulheres aumentava à medida que o Pai Sol Hoh se aproximava do ponto mais alto de sua trajetória. Então o momento chegou. Elas se dirigiram ao local de reunião e ocuparam os lugares determinados de antemão.

Os chefes, com seus homens, formavam o círculo exterior. Diante deles ficavam as mulheres que não estavam diretamente envolvidas e, na frente delas, a uma distância apropriada uns dos outros, os xamãs diante dos respectivos clãs. Três dos onze clãs não tinham curandeiros próprios, e seus lugares permaneciam vazios. Schambuh posicionava-se de maneira a ter sua casa de magia atrás de si. Atrás dele, ao lado da mulher e dos parentes com os quais vivia, estava sua mãe. Os outros perceberam que ela era sacudida constantemente por acessos de tosse, mas evidentemente a ambição e o orgulho que ela sentia pelo filho eram mais fortes do que a doença.

O círculo mais interno, pouco afastado da fogueira que continuava ardendo, era constituído pelas mulheres com as crianças e as respectivas "testemunhas de nascimento", entre elas Aulikah e sua mãe Aulih, que usava seu colar mágico para que todos pudessem ver.

Schambuh, sentado sozinho sobre sua pedra, esperou até que todos tivessem se reunido e se estabelecesse um silêncio carregado de tensão e de expectativa. Agora até mesmo a maioria dos homens percebia que se estava armando algo incomum, talvez até mesmo dramático. Isso já era visível na maneira pomposa com que Schambuh se levantou, pôs no chão seu chocalho de ossos e retirou do cinto uma machadinha com faiscantes lâminas de obsidiana negra.

— Mulheres do Povo Oriental! — ele trombeteou. — Mostrem-nos aqueles que a partir de agora viverão conosco nas cabanas da tribo!

— Wah! — responderam em coro os xamãs da tribo, golpeando o chão com o pé esquerdo e sacudindo rapidamente os chocalhos.

Schambuh apontou com sua machadinha para a mulher do clã do Castor, que era a que estava mais próxima dele.

— Sou Nitakah — ela disse em voz alta, estendendo os braços com a criança. — E esta é a filha de Wakoh, dos caçadores do clã do Castor.

— Wakahli! — gritou a testemunha de nascimento a seu lado.

— Wakahli! — gritou também o xamã do clã do Castor, golpeando o chão, dessa vez com o pé direito, e sacudindo seu chocalho. Então toda a assembléia repetiu o nome da recém-nascida, que a partir de agora era "oficialmente" aceito como nome próprio por essa comunidade de pessoas. Quem tivesse um bom ouvido poderia perceber que as mulheres se juntavam ao coro com voz especialmente alta, quase esganiçada.

A apresentação das crianças prosseguiu, e todas as mães, testemunhas de nascimento e xamãs desempenhavam seus papéis de acordo com o antigo costume. Nos clãs que não tinham xamã próprio, Schambuh atuava, e só então pôde-se perceber que ele tinha atado guizos nas pernas, abaixo dos joelhos, o que até então não tinha sido notado. É de supor que muitos de seus "irmãos" o estariam observando atentamente em silêncio, para seguir-lhe o exemplo na primeira oportunidade, e assim ressaltar o bater de pés com o ruído dos guizos.

A machadinha com lâminas de obsidiana apontou finalmente para Eschah. Ela deu um pequeno passo adiante, estendeu os braços diante de si e gritou:

— Sou Eschah, e esta é a filha de Eschruk, dos caçadores do clã do Vale dos Mamutes.

Só os que estavam à sua volta puderam perceber que sua voz estava carregada de tensão, e soava aflita. Mas todas as dúvidas se dissiparam com o chamado claro de Aulih:

— Eschakah!

Percebia-se claramente a hesitação de Schambuh, mas ele seguiu o roteiro, repetiu o nome e golpeou o solo com o pé direito.

— Eschakah! — As mulheres predominavam claramente no grito coletivo da tribo.

Aulikah ainda trocou um olhar com a mãe, e então descobriu a cabeça da criança, afastando com gesto decidido o capuz de pele que a cobria e estendendo-o em direção ao céu, o mais alto que podia:

— Sou Aulikah — sua voz soava firme e clara. — E este é o filho de Erec, o chefe do clã do Vale dos Mamutes!

— Menino-lobo!

Todos podiam ver que o cabelo da criança era extraordinariamente longo e escuro, e todos conheciam os rumores a respeito da espessa pelugem que cobria o corpo do recém-nascido e o que Schambuh tinha dito a esse respeito. Mas não houve tempo para nenhuma reação, pois então Aulih, a Velha Sábia, gritou com uma força de que ninguém a julgava capaz:

— Menino-lobo!

Schambuh ficou paralisado, seus lábios se retorceram, mas ele não emitiu nenhum som. O desafio lançado abertamente atingiu-o como um choque, tornando-o incapaz de pensar com clareza. Parecia que toda a tribo do Povo Oriental continha a respiração, antecipando aquilo que inevitavelmente tinha de ocorrer agora. Ninguém se moveu até que a voz estridente da velha esquálida, a mãe de Schambuh, saiu da obscuridade e rompeu o silêncio.

— Não! Jamais! Nenhuma criatura disforme pode ser aceita pelo Povo Oriental. Ele foi criado por um demônio, e as antigas tradições da tribo...

Esses guinchos esgotaram-lhe as forças; um novo ataque de tosse sufocou-lhe a voz. As pessoas registravam cada entonação, cada movimento e cada nuance de ódio. Todos estavam muito tensos e excitados, e essa excitação os punha num estado de clarividência. Eles perceberam de repente que, nesse caso, não se tratava só de um recém-nascido do clã do Vale dos Mamutes, mas deles mesmos, da libertação de um encantamento que a maldade de Schambuh tinha lançado sobre eles. Aulih já tinha a resposta preparada:

— E o que acontece com a tradição da tribo do Povo Oriental que diz que nenhuma mulher pode ser repudiada e expulsa? Foi uma decisão tomada pelo Grande Conselho, ou foi só de um demônio chamado Schambuh?

Finalmente, agora que a mãe era incapaz de responder, Schambuh recobrou o ânimo e se levantou, embora o modo como estendeu sua machadinha de obsidiana não correspondesse de maneira alguma ao gesto de um soberano, parecendo mais um gesto de defesa de quem tem medo.

— Não — gemeu ele com voz estrangulada. — Eu jamais darei um bom nome a esta criança ...

— Não é preciso que você faça isso, Schambuh — Aulih cortou-lhe a palavra. — Você não é o xamã do clã do Vale dos Mamutes. Pois para que então o Povo Oriental está reunido aqui, Schambuh? A tribo dará um bom nome a esta criança, e minha maldição o aniquilará caso você diga uma única palavra contra ...

Não era apenas a ameaça da Velha Sábia, a indignação e a rebelião de uma mulher velha, era a luta de uma avó pela vida do neto, e não havia ninguém naquele local de reunião que não tivesse sentido isso. A princípio, ouviram-se gritos, insultos contra Schambuh e exclamações de adesão a Aulih, estas últimas mais por parte das mulheres. E

Schambuh permaneceu mudo, embora sua boca estivesse aberta. Ele segurava a machadinha com ambas as mãos, apertando-a contra o peito, como se esse fosse o único recurso de que dispunha para parar com aquilo.

Aulih ergueu o pé direito, golpeou-o contra o solo e gritou:

— Menino-lobo! — Ela então chacoalhou a corrente de seu amuleto.

— Menino-lobo! — Foi um grito de indignação que saiu da garganta das mulheres. — Menino-lobo! — A entrada do som mais grave e tronante das vozes masculinas espantou os pássaros, que abandonaram esvoaçando as árvores à margem da depressão.

Schambuh, impotente, virou a cabeça para a mãe e viu que ela estava sendo levada para a cabana pelos parentes e por sua mulher. Talvez fosse pânico ou instinto, mas possivelmente também argúcia, que fez com que ele reconhecesse a única chance que lhe restava: encobrir a derrota e a fuga com a preocupação pelo estado da mãe.

Parece que o desaparecimento de Shambuh do cenário não interessava mais às pessoas. Como se em êxtase, mulheres corriam e cobriam o fogo de todos os lados com ramos verdes de pinheiro. Logo se espalhou uma fumaça espessa. As mães retrocederam com as crianças. As testemunhas de nascimento e outras mulheres de todos os clãs formavam um círculo cerrado ao redor da grande fogueira. Cada uma delas apoiava o braço esquerdo no quadril da mulher que tinha ao lado. Repetida e ritmicamente, elas golpeavam o chão com o pé direito enquanto a roda que formavam começava a mover-se. Logo um segundo círculo de mulheres formou-se atrás delas, entoando um canto monótono. Como se apenas estivessem esperando por isso, as mulheres que formavam o círculo interno inclinaram-se para a frente. E a cada segundo golpe, batiam com a mão direita, que estava livre, nos ramos de pinheiro. O sucesso consistia em que a cada golpe surgisse do meio da fogueira uma nuvem de fumaça cinzenta, formando toda uma corrente que se erguesse acima da depressão e alcançasse o cume das árvores.

— Menino-lobo, Menino-lobo! — gritavam as mulheres sem parar.

Assim o Pai Sol Hoh e todos os espíritos ficaram conhecendo o "bom nome" do filho de Erec.

Em retrospectiva, a maioria deles sentiu o que lhes tinha acontecido como um estado de êxtase — como um êxtase de libertação. O estado de espírito alegre se manteve mesmo durante o banquete que tradicionalmente se seguia à Cerimônia dos Nomes. Entretanto, pouco a pouco as alusões sarcásticas e os comentários injuriosos sobre o papel inglório e lastimável que Schambuh desempenhara ficaram cada vez mais raros e furtivos. Dessa maneira, foi se instaurando a desilusão que necessariamente se segue a um estado de embriaguez.

Aulih, a Velha Sábia, era um dos poucos que havia conservado as idéias claras. Ela deu tempo a seu clã para que aproveitasse a lauta refeição e o necessário descanso a seguir. Mas, então, ela deixou claro para sua gente que era preciso partir imediatamente — não na manhã seguinte, como era usual, mas imediatamente. Até mesmo Aulikah, que a essas alturas já compartilhava muitos segredos com a mãe, ficou surpresa. Mas suas perguntas, e também as perguntas dos outros, foram respondidas por Aulih com uma curta frase:

— Eu sei.

E assim, naquela noite iluminada pela lua, eles foram o único clã do Povo Oriental a retornar a seu assentamento, onde chegaram no fim da tarde do dia seguinte, destroçados pelo cansaço, exatamente à mesma hora em que o corvo branco chegou voando do Oriente e pousou sobre o ramo nodoso.

Aulih concedeu-lhes dois dias para descansar, e então exigiu com severidade que preparassem a partida. Outros dois dias foram consumidos no preparo dos tobogs, no empacotamento de todos os utensílios necessários e das provisões que ainda lhes restavam, e para desfazer-se de coisas às quais tinham se apegado, mas que já não tinham utilidade. Eles empreenderam o longo caminho rumo ao Oriente exatamente uma semana após ter deixado o local de reunião aos pés da Montanha Corcunda. Era um caminho que levava a uma terra desconhecida, mas com certeza melhor, um caminho que o Pai Sol Hoh lhes mostraria a cada manhã. Nesse mesmo dia, começava um outro drama no acampamento do clã de Schambuh.

Talvez tenha sido a decepção pela dura derrota o que terminou com a energia vital da mãe de Schambuh. Todos os rituais de exorcismo e defumações foram empregados, mas não surtiram efeito. Até o último dia a enferma, com reprimendas, lamentos e acusações constantes, transformou num inferno a vida não só da nora que lhe restava, mas também dos parentes e até mesmo de seu até então idolatrado filho. Isso, ao menos, foi o que ficaram sabendo os outros membros do clã da mulher de Schambuh, que furtivamente ia às cabanas deles para exigir "contribuições". Evidentemente, o maior dentre os xamãs, consciente da própria autoridade, jamais pensara em guardar provisões suficientes, pois, já que com suas charlatanices, vivera bastante bem e até suntuosamente nos últimos anos.

A mãe de Schambuh sufocou com um último acesso de tosse exatamente no dia em que o clã do Vale dos Mamutes empreenderia sua longa jornada, de maneira que ela não ficou sabendo disso, nem dos acontecimentos subseqüentes. Schambuh exigiu que o clã dos Homens Barbudos, cujo assentamento estava a uma distância de apenas dez horas, também participasse do enterro, que devia ocorrer numa fenda rochosa no sopé da Montanha Corcunda. As mulheres de seu clã — assim ele tinha decidido — deveriam preparar a refeição fúnebre prevista para depois do funeral.

Nem os carregadores do cadáver, nem os participantes do funeral puseram os olhos sobre o corpo, como era de costume. Por indicação de Schambuh, a figura esquálida da mãe já estava envolta numa manta de pele, quando quatro homens a ergueram sobre os ombros e subiram a encosta da montanha. Schambuh ia na frente, caminhando com passos rituais, golpeando repetidamente o chão e sacudindo sem cessar seu chocalho, flanqueado pela mulher e pelos parentes mais velhos, que levavam as oferendas fúnebres. O xamã evidentemente estava usando outra vez o horrendo toucado, que à luz do dia podia ser examinado com nitidez e, com isso, perdia algo de seu efeito amedrontador. Não obstante, o fato de que esse dia tivesse algo de fantasmagórico não se devia aos seres humanos, mas aos grandes pássaros negros que, como guardas ameaçadores, estavam pousados sobre as árvores nuas situadas acima da fenda.

No cortejo que acompanhava o corpo, cochichava-se. Pela mulher de Schambuh ficou-se sabendo por que ele mandara envolver o corpo imediatamente: logo após a entrada da morte, ele mesmo tinha amarrado as mãos e os pés da morta com cordas de couro impossíveis de serem desatadas, as chamadas algemas de demônio, que deveriam impedir que sua alma retornasse ao mundo dos vivos sob a forma de um demônio. Além do Povo Oriental, outras tribos também conheciam essa tradição, ainda que só fosse usada muito raramente. Mas nunca se tinha ouvido falar que um homem tivesse colocado algemas de demônio em sua própria mãe. Claro que, nesse caso, se tratava de um grande xamã, que já há muitos anos dizia ser capaz de conjurar os demônios mais terríveis. Será que ele temia o pequeno demônio que poderia crescer a partir do espírito de sua irascível mãe?

Os carregadores chegaram à fenda entre os rochedos, baixaram o corpo envolto em peles e o posicionaram de cócoras, como mandava a tradição. A mulher de Schambuh e os parentes se adiantaram e colocaram aos pés da falecida as oferendas: uma cuia de madeira contendo um naco de carne seca, ervas e grãos para servir de alimento durante a jornada, e um fetiche feito de pele e de plumas. Então as duas mulheres retrocederam e entraram em fila atrás dos outros enquanto os carregadores começavam a cobrir a cova rochosa com pedras que já estavam preparadas no local.

De golpe, Schambuh voltou-se para as pessoas reunidas; seus olhos brilhavam enquanto começou a sacudir seu chocalho. Com sentimento de culpa, duas, três mulheres começaram a gemer e a lamentar-se baixinho, provavelmente não por luto verdadeiro, mas porque o costume assim exigia num enterro. Sob o olhar atento de Schambuh, outros se uniram à lamentação, fazendo com que algumas crianças olhassem assustadas para suas mães.

O grito repentino de uma menina pequena fez com que todos estremecessem. Foi nesse momento que aconteceu. Um dos grandes pássaros negros precipitou-se sobre Schambuh, atacando o toucado do xamã com grasnidos roucos e bicadas furiosas. Ele ergueu o chocalho e o braço livre em direção ao céu, tentando afastá-lo. Mas uma dúzia de corvos atiravam-se já sobre ele, praticamente submergindo-o em golpes de asas e de bicadas. Ele conseguiu lançar um deles ao solo, mas imediatamente o pássaro de brilhante plumagem negra levantou vôo e voltou ao ataque. E eram cada vez mais.

— Os corvos! — gritou um dos carregadores, fugindo em pânico em direção à morta no nicho que ainda não tinha sido tapado. – Os corvos trazem à luz o que aconteceu com Erec. A Velha Sábia profetizou. Agora eles vêm sobre todos nós, os mensageiros dos espíritos e dos demônios ...

Mães agarravam os filhos e os apertavam contra si, gritando de medo. Todas elas recuavam, e ainda assim não podiam desgrudar os olhos da cena que estavam presenciando.

O chocalho caiu das mãos de Schambuh. Ele agora agitava os dois braços, como se realmente estivesse lutando contra demônios. Nisso, ele perdeu seu toucado. Os corvos então o deixaram e voltaram a pousar nas árvores nuas. O xamã ficou ali, os braços caídos, o rosto destroçado por arranhões sangrentos, um olho roxo e inchado por uma bicada. O vômito subia incessantemente até sua garganta, e repentinamente ele correu ofegante em direção aos outros, que se afastavam dele aos tropeços. Schambuh não pôde mais conter-se. Com passo incerto, cambaleante, ele se retirou em direção à cabana e desapareceu entre os arbustos que cobriam o terreno pedregoso. O carregador fúnebre que tinha gritado era Ochokuh, um primo de Schambuh. Envergonhado, ele saiu de seu esconderijo junto ao corpo da tia e apontou para o chão. Em seu ataque, os corvos tinham deixado algumas plumas. Entre elas estavam o toucado e o chocalho de Schambuh.

— Um feitiço — disse Ochokuh com voz rouca. — Um feitiço terrível e maligno, que precisamos destruir. Aulih previu tudo isso. Agora a verdade vai aparecer!

Ele apanhou o chocalho, segurou-o com ambas as mãos e golpeou-o contra o joelho levantado, de maneira que o cabo de osso quebrou com um estalido. Ele jogou os pedaços aos pés da morta, junto com as oferendas fúnebres.

Agaruk, o fofoqueiro e fanfarrão do clã dos Homens Barbudos, saltou rapidamente adiante dos outros e, com língua ágil, anunciou que ele fora o primeiro a decifrar a vontade dos espíritos e, junto com a profecia de Aulih, difundi-la entre o Povo Oriental. Agora, os mensageiros dos espíritos tinham se tornado testemunhas dele, Agaruk, de que ele tinha grandes poderes mágicos e, portanto, tinha sido eleito futuro xamã do clã dos Homens Barbudos. As pessoas o conheciam, e por isso ninguém deu muita importância a seu palavrório, mas todos repararam em seus movimentos quando ele imitou o cerimonial dos xamãs, pisoteou os restos desplumados do toucado de Schambuh e finalmente, com gesto imperioso, ordenou aos carregadores que jogassem tudo aquilo no nicho, que finalmente foi fechado com blocos de pedra.

O trajeto traçado no céu pelo Pai Sol Hoh durante essa época do ano ainda estava próximo do horizonte sul. Ele irradiava luz, mas muito pouco calor. E Isikeh, Senhora do Gelo e da Neve, não se deixava derrotar sem luta. A prova é que Hoh aparecia somente como um disco pálido em meio à névoa. Surgiram então nuvens escuras vindas do sul, trazendo um crepúsculo precoce. E logo depois da chegada da noite, começou a nevar.

O Povo Oriental conhecia essa mudança climática, que freqüentemente acontecia depois da chegada da lua cheia, e a interpretava à sua maneira. Isikeh conseguira o apoio de Otah, a Senhora das Sombras e da Noite, e talvez também de outros demônios que só vinham à vida na escuridão. Em noites como essa, era melhor permanecer na segurança das cabanas e vigiar as brasas do fogo doméstico.

Mas parece que nem todos os membros do clã pensavam dessa maneira. Em algum momento, uma figura sombria saiu rapidamente da cabana de Schambuh em direção a duas outras cabanas. Eram as choças dos primos de Schambuh, Ochokuh e Kalaruk. Trocaram-se palavras aflitas e cochichadas, e finalmente três figuras envoltas em peles afastaram-se do acampamento. Passando pelo local de reunião e pelos arbustos de coníferas, eles tomaram a direção da encosta da montanha, rumo ao lugar onde, à tarde, a mãe de Schambuh tinha sido sepultada. Lá começaram as exortações e uma agitada discussão. Às vezes erguia-se em meio ao murmúrio a voz aflita e desesperada de um homem. Isso, minutos mais tarde, deu lugar a uma movimentação selvagem, e então um grito lancinante ecoou pela escuridão.

Apenas duas figuras retornaram ao acampamento do clã. Na cabana de Ochokuh houve um princípio de choro e de lamentos que logo emudeceram. Quando Ochokuh afastou a cortina de pele e voltou a sair ao ar livre, movia-se de maneira torpe e pesada, como um urso em pé, devido ao pesado volume que carregava nas costas. Diante da cabana de Schambuh, encontrou-se com ele o segundo vulto, menor e mais mirrado, mas tão carregado quanto Ochokuh. Eles se afastaram calados rumo ao leste, desaparecendo em meio à neve que caía em silêncio.

Quando o assentamento despertou na manhã seguinte, a neve cobria todo o pé da montanha apagando todos os rastros. Fazia muito frio; os cristais cintilavam aos raios ainda tímidos do Pai Sol Hoh.

Ninguém se atrevia ainda a imaginar o que tinha acontecido na noite anterior. Só quando se reuniram na cabana de Ochokuh e juntaram os pedaços daquilo que cada um sabia, formou-se uma imagem impressionante. Schambuh tinha chamado Ochokuh e Kalaruk para um encontro secreto. Ochokuh voltou mais tarde, mas como precisasse seguir o poderoso feiticeiro, sua mulher não soube mais nada dele. Ela estava desesperada com isso. Espiando por uma fresta na cortina de peles, ela o viu se afastando com Schambuh. Ele não tinha dito para onde se dirigiam. A esperança dela é que talvez mais tarde a mulher de Schambuh pudesse trazer alguma luz a esse mistério. Mas de momento ninguém ainda ousava ir até a cabana do mago e perguntar, já que nela não se havia notado nenhuma movimentação até aquele momento. Mas o maior e mais urgente mistério era o paradeiro de Kalaruk, pois era o único que continuava desaparecido desde que Schambuh o tinha chamado para sair pela noite, enfrentando a neve. Desesperada, sua mulher só balbuciava palavras desconexas, algo confuso sobre o Grande Conselho do Povo Oriental, durante o qual Kalaruk queria fazer suas declarações.

Havia ainda sete homens no acampamento do clã de Schambuh. Eles empreenderam a busca divididos em três grupos, todos eles caçadores experientes que saberiam detectar e interpretar o menor rastro. Mas este já tinha desaparecido sob a neve fresca. Por isso, foi só ao meio-dia que descobriram a pequena elevação branca diante do túmulo rochoso da mãe de Schambuh. Cinco deles estavam reunidos quando afastaram a neve. Assim encontraram Kalaruk. Kalaruk estava morto. Sua testa apresentava uma horrível ferida, na qual brilhavam algumas lascas de osso do crânio. E, sobressaindo em meio aos ossos claros, cintilava uma lasca negra. Era obsidiana ...

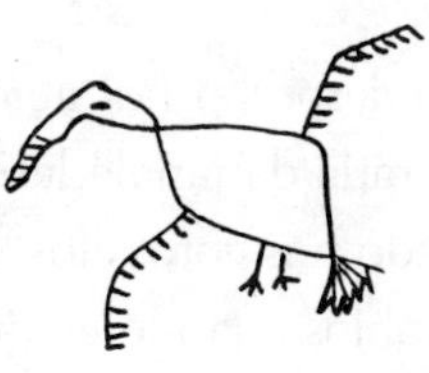

XI

Jean tinha interrompido seu relato muitas vezes e perguntado, com preocupação, se não era "demais" para mim, mas a cada vez eu lhe garanti que não podia dormir sem ouvir sua história. Para mim não existe melhor distração que ouvi-lo. Eu não estava mentindo, uma vez que eu sentia muitas tonturas, e o ferimento em minha coxa latejava com um ritmo que me destroçava os nervos. Claro que eu negava com um gesto de mão displicente, quando Jean perguntava se eu sentia dores, gesto que eu recomendo como reação a perguntas desagradáveis. O gesto é entendido como uma resposta, e mais tarde ninguém pode afirmar que você mentiu.

Assim estávamos, suando em nossos colchões de ar, na escuridão do estábulo, ao lado da cabana de Mapita, enquanto a voz baixa de Jean trazia à vida personagens de tempos imemoriais. Finalmente, ele interrompeu a narrativa depois do assassinato de Kalaruk. Eu ainda fui coxeando até a sebe do jardim para, escondido pela escuridão, resolver um pequeno negócio, e quando voltei e afundei novamente no colchão de ar com um pequeno gemido, ouvi a profunda respiração de Jean. Eu, apesar das malditas dores na perna, devo ter caído no sono logo em seguida.

Não sei explicar como despertei no meio da noite. Passava claridade através da cortina de ráfia da janela lateral da cabana, e por isso eu vi que Jean estava apoiado nos cotovelos. Ele rapidamente colocou o dedo indicador sobre os lábios quando eu quis fazer uma pergunta.

— Fale baixo! — ele sussurrou. — Alguns homens chegaram à aldeia, e dois deles estão na cabana com Mapita.

— Amantes? — respondi eu, também em voz baixa e meio bêbado de sono.

Com um gesto eloqüente, Jean tocou a têmpora com um dedo, expressando em silêncio suas dúvidas quanto ao meu estado mental. Essa era uma de suas expressões favoritas, que ele dizia sempre em inglês: *frame of mind.*

— Com Mapita? — ele murmurou. — E logo dois de uma vez? Pelo menos está tudo quieto, o quer dizer que não tem nada a ver conosco!

— Calmo demais — respondi. — O que significa que deve haver algo por trás disso.

— Justamente por isso — Jean encerrou o diálogo com um grunhido. — Continue dormindo!

O engraçado é que isso não foi difícil; embora fossem as frescas horas da madrugada, para mim fazia um calor insuportável. Portanto, não posso dizer do que se tratou durante a misteriosa visita, nem o que ocorreu depois. O dia já estava claro quando acordei. Jean estava ajoelhado a meu lado, tomando-me o pulso.

— Oi, amigo — ele disse sem desviar os olhos do relógio. Ele ainda moveu os lábios sem fazer ruído por alguns segundos, então soltou meu braço e explicou com alegria afetada: — Pulso a mais de 130. De acordo com a velha regra do polegar, isso quer dizer mais de 39 graus de febre. Celsius. Melhor não dizer o número em graus Fahrenheit, para não o assustar assim, logo de manhã.

— No ponto — murmurei com a garganta seca. Às vezes esse sujeito tinha um humor diabólico, mas naquele momento eu realmente não estava com disposição para tanto.

Só então percebi que Mapita e todos os filhos estavam em pé ao redor do meu colchonete, mas como eu olhava para eles do chão, tudo isso parecia um sonho para mim. Ouvi a mulher falar; eram palavras em espanhol cujo sentido não chegou à minha consciência. Ainda assim, reconheci a bela cabaça que surgiu gigantesca diante de meu rosto e tocou meus lábios secos. Uma mão ergueu minha cabeça e eu bebi com avidez uma bebida fresca e agridoce. Ela umedeceu minha garganta ressecada e ao menos me aproximou um pouco da crua realidade.

Mapita apontava para minhas extremidades inferiores com expressão assustada. Jean inclinou-se profundamente em direção à minha perna e soltou um palavrão. Eu não entendi o que eles conversaram entre si em seguida. Quando a mão que me sustentava foi retirada, simplesmente deixei a cabeça cair e fechei os olhos, para não sentir mais tontura ainda. Pelo menos a sede torturante tinha sido apaziguada. Agora alguém segurava a minha mão, e quando pestanejei brevemente, reconheci *Chica*, que estava acocorada ao lado do meu colchonete.

Deve ter passado meia hora até o meu contato seguinte com a realidade. Eu estava outra vez na cabana de Mapita, deitado no mesmo lugar em que tinha sido medicado na tarde anterior. Só que dessa vez não tinha sob o meu corpo um tapete trançado, mas sim o colchão de ar de Jean. O estojo do meu violão, coberto com uma manta indígena, servia-me de travesseiro. Jean tinha retirado o violão do estojo antes; agora, pendurado na parede a meu lado, ele participava da decoração da cabana — a meu ver, uma visão reconfortante. E parece que a intenção de Jean era exatamente essa. Mas, fora isso, meu amigo agora permanecia em segundo plano. Mapita tinha assumido o tratamento e os cuidados dispensados ao doente.

Pouco a pouco, fui percebendo o que tinha assustado tanto a ambos. A bandagem em minha coxa estava totalmente ensangüentada. Com todo o cuidado, e grande habilidade, Mapita usou umas tesouras fora de moda para cortar a gaze cheia de crostas. *Chica* trouxe água quente da cozinha que ficava na varanda de trás, com a qual a gaze foi umedecida antes que a mulher a retirasse lentamente. A todo momento ela olhava para meu rosto, para não perder nenhum sinal de dor. De alguma maneira, consegui manter a compostura e devolver um olhar o mais indiferente possível. Ou pelo menos era isso o que eu imaginava. Mas não pude deixar de engolir em seco quando o ferimento foi exposto. Apesar do uso generoso que Jean fez da tintura de iodo, a perna estava muito inchada do joelho para cima, a cor ocre do iodo competindo com o vermelho escarlate da inflamação. Sem mover um único músculo da face, a mulher índia observou o feio ferimento e, para sossegar-me ou tranqüilizar-me, tocou de leve a minha mão. Ela então pôs-se a limpar as bordas da ferida.

Primeiro Mapita colocou sob a minha perna um pedaço de tecido de saco, o mesmo de que o avental era feito. Provavelmente, tratava-se de um bem precioso que ela agora, sem pestanejar, sacrificava a um hóspede estranho.

— Eu lhe disse que não tínhamos mais gaze — disse Jean, ao perceber minha perplexidade.

Não prestei atenção, pois pressentia o que estava por vir. Por essa razão, eu já estava apertando os dentes em antecipação. Mas, apesar disso, não pude conter um gemido quando Mapita deu início à limpeza do ferimento. O menor toque nas bordas inflamadas da ferida provocavam em mim uma onda de dor. Mapita trabalhou com rapidez e segurança, mas tampouco ela podia evitar que eu começasse novamente a sangrar.

— O sangue... ele limpa a ferida — disse ela com voz rouca. — Mais um pouco de dor, e então se curará, *Señor* Klaus.

— O que... o que é isso? — eu arquejei para distrair a mim mesmo quando ouvi um barulho atroador que vinha do rio. — Parece o barulho ...

— ... de um potente motor de popa com o silencioso quebrado — a voz de Jean me interrompeu, levando adiante o que eu tinha presumido. — Não é o nosso motor, portanto não se preocupe com isso.

A limpeza tinha terminado e Mapita apanhou outro pedaço de linho para estancar o sangramento, o que não aconteceu de todo. Ela foi rapidamente para a varanda, saindo pela porta de trás, e Jean, para quem aparentemente seu próprio conselho não tinha nenhum valor, foi até a entrada da frente e afastou a cortina de miçangas para poder ver melhor.

— Uniformizados — disse ele por sobre o ombro. — Parecem soldados do governo.

Mapita voltou com uma grande cabaça nas mãos e sentou-se junto a mim, na borda de onde eu estava deitado. Nada denunciava se ela tinha entendido as palavras em inglês de Jean, mas soou como uma correção quando ela disse com voz dura:

— Polícia das minas. Só um barco faz esse barulho ao subir o rio, e nele só viajam os vigias do campo de mineração.

Eu ouvia vozes roucas, gritos de crianças e exclamações de mulheres. De repente, um tiro. Tudo ficou quieto em seguida. Seguiram-se algumas ordens em língua espanhola.

Como se o que estava acontecendo lá fora não tivesse nada a ver com ela, Mapita continuou com o tratamento. Em seguida, gritou algo para sua filha pequena. Mesmo nessa situação turbulenta reparei na maneira perfeita e harmoniosa em que a vida familiar dessas pessoas simples estava estruturada e organizada. Enquanto *Chica* ajudava a mãe, seu irmão mais novo permanecia sentado sobre o tapete num canto, de pernas cruzadas, cuidando do bebê bronzeado que olhava para mim com grandes olhos de admiração enquanto chupava pensativamente o polegar. Nenhuma das crianças mostrava qualquer sinal de inquietação. Eu não me atrevia a concluir que esse comportamento aparentemente estóico fosse inato aos guajaras. O barulho lá fora parecia depor contra isso. Portanto, devia se tratar de uma confiança ilimitada na mãe.

Nesse entretempo, *Chica* apareceu com a já conhecida cabaça colorida e a estendeu na minha direção. Dessa vez ela continha um suco de ervas morno, verde e espesso cujos ingredientes eram um mistério para mim. Mas a essa altura minha confiança em Mapita estava tão consolidada que eu bebi com valentia enquanto ela, sorridente, assentia para mim.

— Chiçurillo — ela disse. — Ajuda o senhor a suportar a dor, e em seguida o senhor vai dormir logo. Agora vai doer um pouco ...

Ela mergulhou dois dedos na cabaça grande e retirou de lá certa quantidade de um creme de ervas marrom. Mas ela parou quando, ao tocar a ferida com aquilo, eu me encolhi com um gemido. Ela ficou indecisa por um momento, procurou ao redor com o olhar e descobriu a pluma branca que enfeitava a faixa de ombro do meu violão.

— *Permiso?* — ela perguntou com um murmúrio. — É permitido?

Eu mal tinha assentido quando ela já estava apanhando a pluma. — O corvo branco — o pensamento cruzou como um raio pela minha cabeça. O frio que sentia na barriga só de pensar na dor que estava por vir passou de golpe. Eu sei que, devido a essas linhas, muitos de meus leitores verão um renascimento do saudoso Barão de Munchhausen*, mas eu devo contar tudo isso tal como eu o senti: não houve mais ondas de dor. Eu mal sentia os toques enquanto Mapita passava o creme de ervas na ferida com a ajuda da pluma, cobrindo também toda a pele adjacente e, finalmente, passando ainda uma segunda camada. Durante todo o tempo ela movia os lábios em silêncio, como se fosse um encantamento. Mapita então cobriu tudo cuidadosamente com a faixa de linho manchada de sangue, sorriu para mim e disse:

— Temos que esperar, *Señor* Klaus. Talvez até esta noite, talvez até amanhã. Mas a febre vai passar, e o senhor vai ficar bom.

— Obrigado. Muito obrigado, Mapita. — Precisei engolir algumas vezes antes de poder pronunciar as palavras. A pressão de sua mão em meu ombro era como uma redenção. Finalmente, eu pude relaxar e fechar os olhos.

Tenho que confessar que a partir desse momento, sob o efeito da bebida de Mapita, entrei num estado de sonolência ébria e sonhadora para o qual a febre certamente também contribuía. E só não entrei totalmente num estado letárgico devido à excitação. Por essa razão, as cenas que eu mesmo presenciei e as outras cenas que Jean me descreveu mais tarde forçosamente se misturaram um pouco.

O fato é que voltaram a se ouvir gritos, e havia muita fumaça pairando sobre a "Rua Principal".

— O que diabos eles estão fazendo lá? — Jean gritou, e com um grande passo já estava fora, a cortina de miçangas chacoalhando alto por trás dele. Eu então o ouvi bradar

— Ah, esses filhos da puta ...

Pude ainda vê-lo passar correndo justamente diante de uma das janelas da frente cuja cortina de ráfia estava recolhida. E nesse momento a gritaria na aldeia ficou ainda mais alta.

Mapita virou-se de frente para a janela, torcendo as mãos.

* Personagem de uma famosa novela alemã, muito mentiroso. (N. T.)

— Eles estão procurando homens — ela disse sem se voltar, mas alto o suficiente para que eu a pudesse entender. — Procurando trabalhadores que fugiram do campo de mineração.

— Mas como assim? — Eu não entendi de imediato. — Não existem mais escravos. Os trabalhadores das empresas de mineração também são pessoas livres e ... — Parei de falar, pois um cão estava latindo na aldeia. Até então nós só tínhamos descoberto uns dois cachorros pequenos com os guajaras. Mas aquele latido soava lúgubre, ameaçador, quase sanguinário. Nenhum cachorro pequeno latia desse jeito, só ... Nesse instante não me ocorreu nenhuma comparação. A palavra que eu estava procurando era "monstro".

— Eles têm um papel — disse Mapita. — Um contrato ...

— E seus homens assinam um contrato desses? — Eu certamente não teria feito uma pergunta tão ingênua caso tivesse as idéias claras, mas era justamente isso que eu tinha perdido com a febre: a clareza de idéias. Ainda assim, eu já sabia a resposta antes que Mapita a desse:

— Não assinar, *Señor* Klaus. Nenhum guajara sabe ler ou escrever. Eles apertam um polegar preto sobre o papel depois que dão tequila para eles beberem. Então eles precisam trabalhar e não podem ir embora, não podem sair das minas por muito, muito tempo. E quando podem ir, estão doentes ...

Era exatamente isso que eu esperava. Era a continuação da história que o velho Pichuk tinha contado a Jean e a mim na noite anterior. Não podia se tratar de outra coisa. Pois naturalmente não bastava que essas companhias ganhassem concessões e se apoderassem da terra. Depois disso, eles precisavam de mão-de-obra: índios ingênuos e de boa fé que eram ludibriados com promessas vazias e pequenos presentes. Talvez eles lhes dessem até um pouco de dinheiro e lhes mostrassem o que se podia conseguir com dinheiro vivo no "mundo moderno". Já se conseguiam servidores da gleba dessa maneira durante a Idade Média, isso para não falar de marinheiros durante o século XIX. Havia inclusive uma palavra específica para isso: eles eram "entabernados"!

Por esses exemplos, já se pode calcular o caos que reinava na minha cabeça naquele momento. Eu simplesmente não conseguia manter uma linha de raciocínio. Mas isso tampouco era necessário, pois Jean já tinha voltado. Quer dizer, ele não "veio" — mas foi jogado para dentro da cabana através da cortina de miçangas de madeira. E os metais em seus pulsos não eram simplesmente algemas. Ainda hoje eu não consigo pensar em nenhuma outra palavra que não "ferros".

Atrás dele entraram dois mestiços uniformizados. Eles portavam fuzis com baionetas caladas. O que mais me chamou a atenção neles foi sobretudo o fato de usarem grandes sapatos de amarrar e galochas. Todas as pessoas que tínhamos encontrado ali andavam descalças. Os sujeitos com pele cor de oliva empurraram Jean contra a parede para abrir espaço. E então eu vi o "monstro" cara a cara, um cruzamento de cão dinamarquês, ou dogue alemão, e mastim, segundo eu presumo hoje. Ele usava uma grossa coleira com pontas de ferro e era levado por uma forte correia trançada, justamente por um rapaz que usava botas, um uniforme elegante, um chicote sob o braço, uma pesada pistola no cinturão e um ridículo bigode fininho no lábio superior. Em suma, ele era o protótipo de um imbecil arrogante.

Com gesto rápido, Mapita apanhou o filho mais novo do chão e correu para o canto onde estavam as imagens sacras. Lá se agarraram a ela *Chica* e o menino mais velho. O que usava bigode dirigiu-lhes apenas um olhar de desprezo.

— Revistar! — ele ordenou a seus capangas, que rapidamente puseram mãos à obra. Um deles golpeou com sua baioneta o tapete que estava diante dos pés de Mapita, evidentemente suspeitando que poderia esconder um alçapão. Fora isso, não havia nada na sala dentro ou atrás do qual alguém pudesse esconder-se — fora o lugar onde eu estava deitado. E o outro sujeito tinha reparado justamente nisso, pois ele também tirou a arma do ombro, virando-a de maneira ameaçadora.

— Maldição! Isso é um colchão de ar! — gritou Jean aflito, apelando para seu inglês materno. Ele então repetiu as palavras em espanhol, acrescentando com um grunhido — E além disso esse *Señor* está gravemente ferido e tem febre alta!

Nessa hora eu aprendi que colchão de ar se diz "colchón neumático" em espanhol, coisa que jamais esqueci, embora naquele momento eu estivesse disposto a qualquer coisa, menos a fazer brincadeiras.

O rompante de Jean surtiu um efeito inesperado. O mestiço com a arma dirigiu um olhar interrogativo a seu superior, e este assentiu com a cabeça num gesto quase imperceptível. Em seguida, os dois desapareceram no aposento ao lado, e logo depois um estalo e o ruído de coisas quebradas davam prova de seu "cuidadoso" modo de proceder.

O de bigode me avaliava estreitando os olhos, e com um olhar rápido registrou o tecido ensangüentado em minha coxa. Talvez tenham sido as palavras em inglês, mas possivelmente também a inabalável consciência de Jean, que não o abandonava ainda que estivesse algemado. Em todo caso, o sujeito abriu a guarda.

— Os senhores portanto são estrangeiros — constatou ele com astúcia, acrescentando logo em seguida — Seus passaportes, por favor!

— Ah, finalmente — Jean resmungou irônico. — Eu sabia que em algum momento o senhor chegaria lá. Mas eu preciso de minhas mãos para apanhar os passaportes. Por favor, sargento!

Independentemente do teor das palavras, o que Jean disse não era de forma alguma um pedido educado; pelo tom de sua voz e por seus gestos, parecia mais uma exigência feita com rudeza, já que ao mesmo tempo ele estendia as mãos para o homem uniformizado como se fosse um ultimato.

— Eu não sou sargento! Sou oficial e tenente! — atacou o de bigode, com voz estridente e o rosto avermelhado. — Está me entendendo, senhor?

Mas sua tentativa de recuperar o terreno perdido veio muito tarde. O amigo Jean era um bom jogador de pôquer e não deixava mais que blefassem com ele, depois que o adversário tivesse mostrado a menor fraqueza.

— Claro que sim, *Teniente* — devolveu ele com falsa amabilidade. — E por isso mesmo o senhor vai entender que não só o cônsul americano mas toda a United Fruit Company vai cair na alma da sua "Esse-Eme", caso seu comportamento não mude totalmente a partir deste momento, compreende?

Prendi a respiração. Uma coisa era um bom blefe, mas apostar tudo numa única carta, na situação em que estávamos ... só um louco ou um buldogue como o meu amigo Jean seria capaz disso. Enquanto o tenente permanecia imóvel, pensei se Jean o teria rebaixado a "sargento" de propósito para irritá-lo. Então notei que o pomo-de-adão do homem subia e descia. Logo em seguida, ele enfiou a mão no bolso, tirou uma chave e abriu as algemas de Jean. Então ele repetiu com um soluço:

— Os passaportes, por favor.

Com todo o cuidado, Jean tirou o estojo do meu violão de sob a almofada onde eu apoiava a cabeça e esperou até que eu voltasse a me reclinar lentamente, ignorando o olhar desconfiado do oficial e de seu guarda-costas, que no entretempo tinha voltado e, balançando a cabeça, fazia um relatório mudo de que nada tinha encontrado.

Em algum momento, Jean chegou à conclusão de que o volume mais bem vigiado de nossa bagagem — no que me dizia respeito — era o estojo do meu violão. Desde então, o pequeno compartimento interno guardava não só cordas de reserva e palhetas mas também dinheiro, cheques de viagem e nossos passaportes. Jean os retirou e estendeu-os ao *Teniente*, que tinha entregue a correia do cachorro a um de seus homens. Eu percebi imediatamente que talvez eu tivesse sido injusto para com o "monstro — pois ele se comportou como um cachorro normal, quase bonachão, ao farejar as crianças de Mapita. Então ouvi Jean perguntar com hipocrisia:

— O presidente de sua Sociedade Mineira, tenente, não é o senhor ... ?

— Olivarez — deixou escapar o oficial.

— Sim, isso mesmo. Mas seus nomes. Espere, eu já vou me lembrar. Eram dois, se não me engano.

— Ermanno Felipe Olivarez ...

Eu vi se confirmarem minhas suspeitas de que aquele sujeito, apesar de vaidoso e cheio de si, não era nenhum gênio, pois caso contrário jamais teria caído nesse que era o truque mais velho do mundo.

— Naturalmente, o bom e velho Don Ermanno! — Jean estava endiabrado e puxava conversa. Eu estava aliviado e ao mesmo tempo tinha medo de que ele esticasse demais a corda. Mas meus olhos já estavam se fechando, e o que eles continuaram conversando só chegava até mim como um murmúrio distante.

Só fiquei sabendo da história toda e das circunstâncias em que tinha acontecido na manhã seguinte. Até então, sob o efeito da beberagem de Mapita, eu tivera um sono profundo e sem sonhos.

Jean interferiu quando os sujeitos da polícia das minas já estavam espancando um jovem índio, em cuja cabana eles tinham encontrado uma baioneta enferrujada que os pais do rapaz só usavam como machete. Por essa razão eles simplesmente atearam fogo à cabana, o que levou Jean a soltar um urro e uns tantos palavrões. A coisa ficou realmente preta quando nosso velho amigo Pichuk ia ser levado para o barco algemado porque tinham encontrado com ele uma revista desfolhada. Seu crime? Na revista apreendida havia uma foto de Che Guevara. Foi então que Jean saiu do sério, e o resultado é que Pichuk foi solto. Mas devido a isso Jean foi novamente algemado e precisou usar toda sua habilidade para não ser atravessado por meia dúzia de baionetas.

O resto da história eu já sabia, e agora eu sabia também como e por que o amigo Jean tornou-se o festejado herói de uma aldeia guajara, mas isso naturalmente só depois que o tenente e seu bando tinham-se retirado. Sorrindo, Jean garantia que lhe tinha sido oferecido o nobre título de Cacique do rio Segóvio que ele entretanto, por modéstia burguesa, tinha recusado, pedindo só que festejassem um pouco mais baixo para não perturbar o sono de seu amigo doente, o senhor Klaus.

Mentiras cabeludas sempre foram o forte de Jean, mas devia haver alguma verdade nessa história, pois a mesa de café da manhã de Mapita se curvava sob o peso de uma dúzia de guloseimas da culinária tropical das quais ela não tivera que preparar nem uma única, pois tudo tinha sido trazido pelas vizinhas. Claro que havia mais do que suficiente para todos, e eu realmente não creio que Mapita e seus filhos já tivessem comido tão grande variedade de pratos.

Quanto a mim, meu apetite foi voltando pouco a pouco. Antes que eu pudesse ficar em pé, Jean já tinha constatado que eu não tinha mais nada de febre, e posso afirmar que o latejar em minha coxa não me fazia a menor falta. É verdade que eu ainda mancava e permanecia bastante curvado, mas isso já me parecia quase uma questão de costume.

— E agora é a vez da sua perna — anunciou Jean, depois de terminar seu cigarro matinal. — Nem uma palavra, Quasímodo!

Chamar-me pelo nome do sineiro corcunda da Catedral de Notre Dame só porque eu estava um pouco curvado era bastante cruel, mas esse era exatamente o tipo de humor de Jean, que já mencionei várias vezes. Além disso, eu mesmo estava ansioso para ver como estava o ferimento.

Para ser breve — era como um milagre: não havia mais nem inchaço nem inflamação, e sobre a ferida tinha-se formado uma crosta marrom que era uma mistura de sangue seco e de papa de ervas. Em comparação com o dia anterior, a aparência da ferida me parecia bem melhor. Mapita também parecia estar muito satisfeita, deixando claro que eu ainda tinha que tomar muito cuidado com a perna. Mas o ar agora já não podia causar nenhum dano, e mais tarde ela vendaria a ferida com algo. Ela usou uma palavra da língua guajara que nem Jean nem eu pudemos entender e nem mesmo repetir uma única vez.

As crianças, curiosas, já se juntavam lá fora, diante da cabana, cercando-nos assim que saímos. Havia um banco sob o teto da varanda. Jean nem sequer me perguntou, simplesmente me levou para lá, cuidando para que eu mantivesse a perna alta e esticada. Mas atrás, junto ao poço branco e o moinho de vento, havia muita atividade. Entre os índios que acenavam para nós e que aparentemente faziam um mutirão para reconstruir a cabana que tinha sido queimada, reconheci nosso velho amigo Pichuk.

Ajudado pelas crianças solícitas, Jean arrumou nossas coisas no galpão e deu uma olhada no bote de borracha, sempre seguido pelo enxame moreno que a essas alturas já tinha perdido toda a timidez. Ele me trouxe água em nosso recipiente de lona e uma toalha para que eu pudesse me lavar sem ter que me levantar do banco. Minha aparência não deve ter mudado muito com isso. Na verdade, não havia espelho, mas afinal eu só precisava olhar para meu companheiro. Fazia já três dias desde que tínhamos feito a barba, a bordo do "Steelhead", pela última vez. Desde essa época eu me acostumei a usar barba.

Então apareceu Pichuk. Alegremente, ele me deu um abano de palha trançada que sem dúvida ele mesmo tinha feito. Agradeci, mas de momento eu não sabia o que fazer com aquilo, e ele imediatamente acenou para que o irmão mais novo de *Chica* se aproximasse e enfiou o longo cabo em sua mão. E Paico — esse era seu nome — soube de imediato o que se esperava dele. Sorrindo, ele se plantou ao meu lado e começou a abanar o "gringo doente". Eu estava perplexo, e me sentia como um paxá do Oriente. Mas o que é que eu podia fazer? Por sorte, logo em seguida o leque entrou em conflito com as tranças de cebolas que estavam penduradas, sendo que uma delas caiu na cabeça de Jean. A gargalhada resultante me permitiu apoiar o leque na parede e mandar Paico para junto das outras crianças que, reunidas sobre as pranchas do ancoradouro, brincavam.

Pichuk estava louco para discutir os acontecimentos do dia anterior e retomar sua história, coisa que ele conseguiu fazer de primeira e sem nenhum esforço aparente. Nós mesmos já tínhamos esclarecido grande parte daquilo que ouvimos, mas é claro que havia alguns detalhes muito interessantes. Assim, ficamos sabendo que as contas dos trabalhadores das minas eram administradas pelo gerente da mercearia, evidentemente a única que havia. Para os padrões do lugar, tratava-se de uma loja grande e bonita, onde os inexperientes índios podiam comprar tudo de que precisavam. Isso eles faziam sem pagar, pois tudo era "anotado". O mesmo acontecia na cantina anexa ao "comércio".

Ambas pertenciam evidentemente à Sociedade Mineira. E o gerente era um homem honrado. Ao final do mês, os trabalhadores recebiam até o último Córdoba que ainda tinham em suas contas. Quando sobrava alguma coisa. Pois havia os temidos números vermelhos, e esse era o caso de quase todos. Mas a generosa "Esse-Eme" tinha encontrado uma solução até mesmo para isso. As dívidas eram simplesmente apagadas do livro da mercearia — assim, simples e legalmente. Dessa forma, elas voltavam a aparecer nos livros da mina, até que fossem pagas com trabalho. Isso, de qualquer forma, podia levar muito tempo. Um homem podia se acabar enquanto tentava pagá-las.

— Isso se chama servidão por dívidas — rosnou Jean irritado quando Pichuk terminou seu relato. — É pura Idade Média.

— Ao contrário — eu disse. — Isso é "Tenessee" Ernie Ford — moderno ... — Ele aparentemente não entendeu de imediato, e eu então entoei os versos da conhecida canção "Sixteen tons": "I own my soul to the Company Store..."

— Maldição! Você tem razão, companheiro — disse Jean rangendo os dentes. — Em vez de ficar fazendo onda com esse macaco de *Teniente*, eu devia era ter lhe dado um chute na b...

— Porque ele estava procurando servidores por dívida?

— Não só por isso — Jean resmungou. — Mas você ainda não sabe essa parte.

Agora ele tinha que me contar, e devido a má vontade que sentia, ele foi o mais sucinto que pôde. Os misteriosos visitantes noturnos eram quatro homens da aldeia que trabalhavam nas minas. Seu líder era o marido de Mapita. Os outros três somente o tinham acompanhado porque em quatro remava-se mais depressa. Dessa maneira era possível fazer o trajeto do campo de mineração até a aldeia e voltar numa única noite. A verdade é que eles tinham roubado duas armas dos vigias das minas, e no dia seguinte haveria uma grande operação de busca. Os patrões tinham medo dos rebeldes que em toda a América Central trabalham na clandestinidade. Tratava-se menos da segurança pessoal que dos negócios, que podiam ser perturbados ou mesmo arruinados por qualquer perturbação.

— Então o marido de Mapita certamente trouxe as armas — eu constatei. — E onde eles as guardaram?

As dobras nos cantos dos olhos de Jean eram avisos.

— Por que é que você acha que eu fiquei tão louco com o mestiço quando ele quis furar meu lindo colchão de ar com a baioneta? Por petulância?

— Não! — eu me escandalizei, não em resposta à pergunta dele, mas num gemido de súplica, pois agora eu via demônios dançando em seu olhos. — Por favor, diga que não é verdade!

— Claro! — Jean deu de ombros. — Onde a gente ia esconder as armas? Os homens precisavam partir imediatamente. De manhã você estava com febre, e logo a maldita polícia das minas já estava lá.

Fiquei com os cabelos em pé, já que, portanto, eu tinha passado um dia inteiro deitado sobre o lugar onde as armas estavam escondidas. Era fácil reconstituir o que Jean tinha pensado durante aquela cena. Caso o colchão de ar tivesse sido perfurado, eles teriam descoberto que eu estava deitado sobre um alçapão. Um alçapão como aquele que os outros mestiços tinham procurado em vão, espetando o tapete com as baionetas. E então ...

— Mas deu tudo certo — garantiu o meu assim chamado amigo, aquele louco. — E além disso as armas não têm nada a ver com a rebelião. As pessoas aqui, simplesmente querem agarrar "el tigre" pelo pescoço antes que ele devore todas as cabras.

Precisei me esforçar para manter a calma.

— Você vai me pagar por isso, Jean Anton Millard — eu o chamei pelo nome completo, coisa que só muito raramente acontecia entre nós. — E eu já sei como. Hoje à tarde ou à noite você vai contar ...

— Pode parar — ele se defendeu lentamente. — Eu faria isso de qualquer jeito. Você sabe muito bem que eu nunca deixei uma história sem terminar.

XII

Acordar e ver diante de si a mulher sentada, rindo e batendo palmas, tinha-se tornado já uma visão costumeira para o estrangeiro. A risada dela, apesar de insensata, era prova de uma amizade verdadeira, quase avassaladora. Pouco a pouco, o homem fora aprendendo as palavras que ela às vezes se punha a enunciar, e pelo menos sobre esse aspecto — talvez o único — ele acreditava ter certeza absoluta: a língua da velha maluca não era a dele, embora tivesse certa semelhança com ela.

Ele não saberia dizer quanto tempo levou para perceber isso e, finalmente, tentar entender-se com ela, o que acontecia por meio de gestos e da linguagem de sinais, pois as lembranças mais remotas que ele tinha mergulhavam numa névoa semelhante a um pesadelo sem fim. Com certeza, tinham-se passado luas inteiras até que ele compreendesse os detalhes do ambiente e percebesse que ali tinha sido amparado. Ele nunca chegou a ver os ferimentos em suas costas e na cabeça. Só os sentira.

Custou-lhe semanas de meditação e dores de cabeça lancinantes até que percebesse que era um homem que tinha perdido a memória, um estrangeiro em quem aparentemente um único outro ser vivo parecia confiar. Assim, um sentimento de felicidade percorreu-lhe o ser quando sua mão tocou pela primeira vez a pelugem suave e cálida próxima à sua coxa e o cão-lobo cinzento que estava a seu lado levantou-se e colocou as patas sobre sua barriga, como para saudá-lo. Esse cão, que evidentemente lhe pertencia, fazia parte daquele passado que tinha sido apagado, provavelmente devido ao ferimento na cabeça.

A velha era agora o eixo e o pólo de sua existência. Tudo o que ele conseguira resgatar da memória nebulosa levava a crer que ela tinha salvado sua vida, não uma, mas duas vezes. Eram poucas as vezes em que ele conseguia juntar os farrapos de suas lembranças cheias de lacunas, de modo que adquirissem sentido e formassem uma seqüência lógica. Além disso, ele freqüentemente voltava a sentir aquela forte dor de cabeça que ameaçava apagar até mesmo a pouca memória que lhe restava. Deve ter sido no começo do inverno que sua salvadora encontrou o cão. Ele uivou por tanto tempo e ganiu com tanta insistência que ela acabou por segui-lo, encontrando o estrangeiro atirado num banco de areia no rio dos Ursos, entre os galhos de uma árvore que tinha sido arrastada pela correnteza, inconsciente e manchado de sangue, com uma profunda perfuração nas costas e uma ferida aberta na cabeça. Como conseguira levá-lo sozinha para sua caverna, que ficava rio acima, era um segredo que ela provavelmente nunca revelaria.

Na segunda vez, foram os próprios filhos dela que ameaçaram a vida do estrangeiro — o porquê disso só ficou claro muito mais tarde, depois que ele conseguiu entender-se até certo ponto com os homens e ficou sabendo mais sobre eles. De qualquer forma, em sua primeira visita, eles evidentemente estavam decididos a matá-lo. Para eles, parecia algo óbvio assassinar sem rodeios um homem estrangeiro. E estrangeiro para eles era qualquer um que não pertencesse à valente tribo dos Caçadores de Morsas.

Os Caçadores de Morsas, ou tschukta, tal como se denominavam em sua própria língua, eram os senhores da costa de ambos os lados da desembocadura do rio. Originalmente pescadores nômades, eles tinham aprendido a escavar troncos de árvores com fogo e ferramentas de pedra para construir canoas primitivas com as quais se atreviam até mesmo a lançar-se sobre a "grande água". A técnica de caçar animais marinhos foi se desenvolvendo, levando-os com cada vez mais freqüência a procurar suas presas nas colônias de morsas, que desde tempos imemoriais viviam nas costas rochosas varridas por tempestades e pela arrebentação.

Ora, esses grandes mamíferos marinhos não eram de forma alguma inofensivos, e suas poderosas presas eram prova disso. Os tschukta travavam conhecimento com elas mais vezes do que gostariam. Quando um dos barcos se metia no meio de uma manada desses gigantes, isso não raro significava o fim de todos os que nele estavam. Não é de admirar que homens que viviam de maneira tão perigosa desenvolvessem, ao longo das gerações, a consciência de si mesmos, a coragem e a temeridade, acabando por considerá-las "virtudes nacionais". O perigo e a luta constante contra as forças da natureza mantinham os tschutka unidos, mas também faziam com que cultivassem alguns costumes bárbaros. Pessoas com a mente perturbada, aleijados e recém-nascidos malformados, por exemplo, eram simplesmente abandonados, e esse destino tinha sido também o da velha louca.

Seus dois filhos tinham-na levado para o interior, numa região erma onde os tschukta não iam quase nunca, pois freqüentemente era inundada pela cheia do rio. Para os duros tschukta, talvez fosse um sinal de humanidade o fato de eles terem procurado para sua mãe uma caverna num lugar elevado e deixado algumas provisões, utensílios e ferramentas. Apesar disso, eles provavelmente ficaram admirados quando voltaram um mês depois e encontraram na caverna não apenas a velha viva, mas também um estrangeiro febril e irremediavelmente doente.

Essa foi portanto a segunda ocasião em que a velha louca salvara a vida daquele que compartilhava seu teto. Uivando e gritando, ela se colocou no caminho dos filhos até que estes desistissem de suas intenções, provavelmente convencidos de que a natureza completaria o sinistro trabalho sem a ajuda deles. Mas não seria bem assim.

Até hoje ninguém conseguiu decidir se a consciência é inata desde tempos imemoriais ou só se tornou uma característica adquirida muito mais tarde. Até o começo do nosso século, algumas tribos papua e negrito da Nova Guiné consideravam um óbvio dever devorar os parentes mortos, coisa que faziam sem o menor remorso. Por mais horríveis que esses usos e costumes possam parecer a uma pessoa civilizada, eles aparentemente sempre foram muito mais fortes na história do homem do que o conceito de humanidade, que surgiu bem depois. Ainda assim, parece que uma fagulha desse sentimento existia nos filhos da velha.

As numerosas atividades que entre os tschutka eram tarefas femininas não apresentavam nenhuma dificuldade para a velha mulher, apesar de sua mente perturbada. Ela podia acender o fogo e apanhar peixes no rio com uma lança apontada e endurecida no fogo. Ela e o estrangeiro tinham sobrevivido dessa maneira. Logo em seguida, seus filhos voltaram para lhe trazer alimento. Eles sem dúvida tinham mudado de idéia, já que agora consideravam uma ocorrência feliz o fato de sua mãe ter encontrado companhia no estrangeiro e em seu cão. Mas é claro que havia algo mais.

Na visita seguinte — já reinava então a longa noite invernal — eles encontraram a velha ocupada em modelar pequenas figuras de barro com a terra avermelhada que encontrara no declive próximo à caverna. Algumas delas apresentavam traços demoníacos e tinham surgido de sua fantasia; outras, evidentemente, representavam ursos, morsas e lontras. E como o fogo fosse a única fonte de luz na escuridão invernal da caverna, ela tinha colocado as figuras bem próximas à fogueira, e em conseqüência disso elas tinham endurecido e conservado sua forma.

Os filhos levaram algumas consigo e logo constataram que elas eram cada vez mais populares entre os tschukta, de modo que era possível trocá-las por muitas outras coisas. A partir daí desenvolveu-se um animado comércio, e como o estrangeiro também participasse da confecção das figuras, demonstrando ser especialmente hábil, as visitas se tornaram regulares e eles aprenderam a se entender.

O estrangeiro começou a sondar a região circundante com seu cão assim que a luz voltou. Relações vagas iam pouco a pouco formando uma imagem do presente e do passado, mas só até o momento em que ele acordou na caverna depois de um período de profunda inconsciência. Ele sabia que não fazia parte da tribo dos tschukta. Mas, então, de que fazia parte? A resposta a essa pergunta devia estar em algum lugar rio acima, pois a correnteza o tinha arrastado rio abaixo, enganchado em alguns galhos e em pedaços de madeira de arribação.

Os dias iam ficando cada vez mais longos. Por que algumas coisas tais como o Pai Sol Hoh, eram tão conhecidas para ele? Como é que ele sabia que logo os salmões estariam de volta e subiriam o rio? Claro que tinha que haver outras coisas — formas, relações, sobretudo o seu próprio nome. Mas ele sempre voltava a deparar com aquela barreira intransponível, e quando se perdia em cismas intermináveis, a perfurante dor de cabeça voltava. Mas lá estava seu fiel companheiro, o cão, que evidentemente se sentia tão atraído pela região rio acima como ele mesmo.

Ele ainda esperou uma lua, e durante esse tempo sentiu suas forças voltarem. Então, em segredo, começou a fazer seus preparativos e separou uma provisão de carne seca de morsa. Uma noite, quando a velha estava dormindo, pôs-se a caminho, um andarilho solitário e sem rumo percorrendo regiões inóspitas com seu cão. Uma trouxa de pele e um cajado de madeira eram toda a sua bagagem. Ele gostaria de poder explicar tudo àquela que o tinha salvado, mas sabia que não teria conseguido se fazer entender. E caso ele tivesse confiado nos filhos, estes certamente não teriam ficado nem um pouco contentes em perder um ajudante que prestava ajuda e fazia companhia à mãe deles, produzindo ainda objetos de troca que eram muito bem-vindos para seu lucrativo comércio. E tudo isso por umas poucas tiras de carne seca e de toucinho de morsa. Era bem provável que isso os levasse à idéia de levar a cabo a intenção original de acabar com sua vida. Portanto, ele deixou sua figura preferida para a velha, em sinal de agradecimento, convencido de que ela o entenderia.

O rio — ele tinha certeza que era o rio dos Ursos — indicava-lhe o caminho rumo ao nordeste. O nome desse rio era como um ponto de luz na escuridão do seu passado. Os salmões o tinham cunhado já que, após a desova, milhares de cadáveres enchiam as margens e atraíam os ursos. Nem a velha nem seus filhos tinham jamais usado esse nome. Portanto, ele mesmo o conhecera antes. Uma cadeia de montanhas escarpadas vedava-lhe o caminho, mas havia uma garganta que tinha sido escavada pelo rio. Ele levou quase uma semana para percorrê-la e deixar as montanhas atrás de si. A mudança de vegetação ficou então evidente, e de alguma forma parecia que ele conhecia a paisagem. O ar ali era mais frio que rio abaixo. Ainda havia neve por toda parte. E quando, num dia claro, o estrangeiro olhou ao redor e reconheceu a fumaça amarela que o sol poente fazia brilhar com uma tonalidade avermelhada, soube de súbito que tinha atravessado as Montanhas Negras e que a fumaça subia do "Vale Fumegante". Um suspiro brotou-lhe do peito. Eram apenas alguns vislumbres rápidos, mas agora ele sabia que estava no caminho certo.

Nesse momento as dores de cabeça voltaram, mas o ar fresco e claro lhe fazia bem e, nos dias seguintes, enquanto prosseguia sua marcha, ocupou-se identificando as pegadas dos animais selvagens. Um olhar era suficiente para que reconhecesse qualquer uma delas. Isso também devia ser uma herança de seu passado. Em determinado momento, ele entrou num riacho raso e viu um dique feito por castores entre os salgueiros, as bétulas e os choupos — e então descobriu a fumaça que subia por detrás das árvores. Seu cão já levantava a cabeça, farejando.

Foi certamente o instinto de caçador que imediatamente o levou a procurar um esconderijo. De lá, espiou as figuras que tinham levantado um acampamento sob a proteção da floresta do vale, que lhe pareciam estranhamente conhecidas, e não só devido às roupas de peles que usavam. Seu estômago se comprimia quando pensava no passo decisivo que tinha por diante. Será que ele conhecia aqueles quatro vultos? Ou melhor: ele tinha que conhecê-los? Eram amigos ou inimigos?

Um cheiro conhecido se espalhava em volta e despertava sensações contraditórias. O que aqueles homens estavam assando no espeto era um castor. Eles certamente não o tinham desenterrado, e sim surpreendido o animal fora de sua construção. Seriam os ...? Ele não se atrevia nem mesmo a pensar no nome que de repente brotara de seu inconsciente. Mas ele se levantou e se dirigiu ao acampamento.

Cães começaram a ladrar. Seu próprio cão lançou-se adiante. Um dos homens que mastigavam, ainda sentado, apanhou sua lança. Outro saltou, olhou fixamente para ele e recuou bruscamente, como se estivesse diante de um fantasma, de tal maneira que quase caiu sobre a fogueira.

— Erec!

O grito o paralisou, como se ele tivesse topado com um obstáculo invisível. No momento seguinte, ele fechou os olhos, a cabeça inclinou-se para a frente e seus ombros se curvaram com se tivessem que suportar uma pesada carga. Ele era Erec! Ele não percebeu como as lágrimas corriam por seu rosto desfeito e pela barba desgrenhada. Ele era Erec! Ele não foi capaz de nenhum outro pensamento, chegando a roçar o fogo como um cego para simplesmente se deixar cair no chão.

Eles pertenciam ao clã do Castor, o mesmo ao qual ele tinha pertencido. Ou continuava sendo o seu próprio clã? Ele não conseguia sondar a questão com base apenas em suas lembranças, e quando os caçadores descobriram isso, trocaram olhares significativos e passaram a ser muito cuidadosos em suas declarações, sem que Erec o percebesse.

No dia seguinte, um deles partiu rumo ao acampamento de seu clã, enquanto os outros, de maneira abnegada, ficaram cuidando do bem-estar do primo, até que também partiram alguns dias depois. Com perguntas prudentes, eles tentavam descobrir até onde chegava a sua memória, já que havia uma grande lacuna, causada talvez pelo encontro repentino: Erec demonstrava ter interesse por tudo aquilo que estava relacionado com o clã do Castor, e finalmente lembrou-se de cada um dos quatro homens. Ele nunca perguntou, no entanto, pelas pessoas do clã do Vale dos Mamutes, sua mulher Aulikah, sua filha pequena ou Aulih, a Velha Sábia. Parecia que ele só podia perceber a realidade e recuperar a memória das coisas e das pessoas que via concretamente diante de si. E talvez, assim pensavam os caçadores, era bom que assim fosse, já que eles não tinham deixado de perceber a horrível cicatriz em sua cabeça. Por essa razão, eles a princípio não falaram nada a respeito, embora já soubessem há quase uma lua o que tinha acontecido naquela ocasião, no outono, às margens do rio dos Ursos.

Eles ficaram sabendo do ocorrido logo depois do desaparecimento de Schambuh, quando o Grande Conselho da Tribo Oriental foi convocado às pressas. Os chefes e xamãs reunidos no sopé da Montanha Corcunda foram apanhados totalmente de surpresa: Ochokuh, que Schambuh tinha levado consigo quando desaparecera, voltara poucos dias depois. Diante de todo o clã, ele desvendou o segredo do grande mago, com o qual Schambuh o ameaçara, forçando-o a acompanhá-lo naquela noite. O único objetivo do xamã era aniquilar a Velha Sábia, que tinha acabado com todo o prestígio dele e tinha destruído todo seu poder com a magia dos corvos. E Schambuh tinha demonstrado no outono o que entendia por aniquilamento. Justamente nessa ocasião, ele se valera do temível poder dos demônios para conquistar o apoio de seus primos Ochokuh e Kalaruk. Eles se colocaram à espreita num lugar próximo ao acampamento do clã do Vale dos Mamutes e, mantendo uma distância segura, seguiram Erec até o rio dos Ursos. Lá, eles provocaram uma discussão cujo resultado não deixava lugar a dúvidas, uma vez que se tratava de três contra um. Aconteceu num promontório rochoso às margens do rio, de maneira que era-lhe impossível escapar. Nessa situação praticamente sem saída, Erec atiçou seus cães contra os agressores. Ochokuh esmagou a coluna vertebral de um deles com seu machado de pedra. Erec queria lançar-se sobre ele, mas Schambuh atingiu-o nas costas com sua lança. Depois, assim contou o arrependido Ochokuh ao Grande Conselho, ele, Ochokuh, ficou como que paralisado. Mas Schambuh tomou o machado de suas mãos e esmagou a cabeça de Erec. Ele ainda se agarrou por um momento a uma árvore podre, mas então as raízes se soltaram completamente. O morto precipitou-se no rio junto com a árvore e foi arrastado pela correnteza. O segundo cão empreendeu a fuga e, latindo, acompanhou seu dono pela margem do rio.

A riqueza dessa descrição convenceu até os mais céticos, já que Ochokuh não fez nenhuma tentativa de esconder a própria culpa, exceto pela menção dos demônios de Schambuh. E, depois que tudo isso ficou evidente, as perguntas do Grande Conselho concentraram-se naturalmente na morte de Kalaruk. A explicação estava à mão. Os dois primos deveriam ter acompanhado Schambuh, mas Kalaruk, que não tinha participado do assassinato de Erec — pelo menos não com as próprias mãos — negou-se. As profecias de Aulih e o ataque dos corvos a Schambuh tinham-no impressionado tanto que ele se opôs ao xamã apesar de todas as ameaças, anunciando ainda que ia contar tudo ao Grande Conselho da Tribo Oriental para, assim, escapar da maldição da Velha Sábia. Não foi preciso descrever o que aconteceu em seguida; a lasca de obsidiana em meio aos ossos estilhaçados do crânio de Kalaruk eram muito eloqüentes.

Durante três dias Ochokuh seguiu, rumo ao leste, o xamã que buscava vingança, até que um dia partiu durante a noite e voltou ao acampamento do clã junto à Montanha Corcunda. Mas mesmo ali, o medo dos poderes mágicos de Schambuh — e de seu machado de obsidiana — o oprimiam. Por essa razão, ele tinha feito a confissão ao Grande Conselho, com a esperança declarada de contar com o apoio de todos os xamãs a partir de então.

Em ocasiões muito menos importantes, sempre tinham sido necessários longos discursos e deliberações ainda mais longas, feitas em grupos menores, antes que se chegasse a uma decisão. Dessa vez os chefes e xamãs precisaram apenas de alguns minutos, umas poucas palavras e acenos de cabeça para se entenderem. Eles então pronunciaram sua "sentença": Schambuh seria condenado à fúria de todos os espíritos e demônios, e também da Tribo Oriental. Qualquer pessoa que o encontrasse em qualquer lugar e estivesse em condições de matá-lo estava obrigada a isso. E o corpo de Schambuh não poderia ser enterrado, a partir do pronunciamento da sentença, ele seria "presa dos corvos e dos lobos".

A partir de agora, tudo isso e muito mais, especialmente o nascimento do menino-lobo e a partida do clã do Vale dos Mamutes, teria que ser contado a Erec em pequenas doses. Ele aceitou a maior parte da história sem se alterar, como se nada tivesse a ver com ele. Os membros do clã do Castor, que naturalmente eram seus parentes, levaram muito tempo até perceber que, para ele, isso tudo não passava de histórias, não de pessoas e de acontecimentos, mas de imagens semelhantes a sonhos, pois ele não tinha a lembrança de nada. Mas nenhum deles duvidou de sua determinação quando Erec, duas semanas depois de seu retorno, anunciou que iria seguir seu clã até lá, onde o Pai Sol Hoh começava sua jornada pela manhã. Ele tinha uma família, tinha mulher, tinha filhos. Ele tinha um filho que nunca tinha visto o rosto do pai. E havia ainda um xamã em busca de vingança, cheio de profundo ódio e maldade, cujas feições ele mal podia reconstituir. Ele precisava encontrá-lo antes que Schambuh conseguisse alcançar o clã do Vale dos Mamutes. O clã tinha tobogs e renas. Com isso eles progrediriam com maior rapidez que um homem sozinho, que ainda por cima precisava caçar durante a jornada para sobreviver. Além disso, desde o princípio eles tinham uma vantagem, pois tinham partido muito antes. Mas logo toda a neve teria derretido. Eles então teriam que parar seus tobogs e levantar acampamento. E ele, Erec, estava uma lua inteira atrás do xamã.

Já era mais do que hora.

As pessoas do clã do Castor deram-lhe não apenas roupas e armas, mas também uma rena com um bagageiro. Eles se puseram a caminho logo na manhã seguinte, Erec e seu cão ...

XIII

Naturalmente, logo depois as crianças apareceram novamente, servindo-se com despreocupação, no balcão da varanda, da penca de bananas, que tinham amadurecido visivelmente durante nossa estada na aldeia. Aparentemente, oferecer as frutas às crianças e aos vizinhos que passavam era um costume dos guajara, pois tínhamos notado que havia pencas de bananas em diversos estágios de amadurecimento em várias cabanas, e até mesmo Pichuk, antes de se despedir, tinha-se servido de duas ou de três dessas frutas, pequenas mas muito doces e aromáticas. Jean, então, não esperou nem mesmo até a tarde, começando logo em seguida a contar sua história. Evidentemente, algo tinha amadurecido nele também; de qualquer maneira, não houve praticamente mais nenhuma interrupção enquanto ele narrava a volta de Erec, que todos consideravam morto. Quando muito, ele de vez em quando dava uma tragada em seu Havana da loja de Joe. Jean dava grande valor a essa marca — provavelmente porque tratava-se, com certeza absoluta, de originais que tinham sido contrabandeados, e não de uns charutos quaisquer com anéis falsos, que passaram a proliferar por todo o Caribe desde que o Tio Sam decretou o embargo contra a Cuba de Fidel Castro. A qualidade sempre se impõe, mesmo que seja por caminhos tortuosos. O fato de ele às vezes recorrer também a cigarros comuns devia-se a circunstâncias conjunturais. Para ele, cigarros significavam inquietação e agitação interior, enquanto que charutos genuínos representavam um prazer silencioso, calma e serenidade. Caso eu tenha interpretado corretamente essa relação, Jean já tinha preparado em sua cabeça o que viera depois da "ressurreição" de Erec, e agora só precisava descrever as imagens. Às vezes acontece o mesmo comigo quando escrevo, quando reproduzo uma cena na memória e em seguida a tenho com nitidez diante dos olhos.

As crianças índias permaneceram firmes o tempo todo, embora certamente não entendessem uma única palavra da história contada por Jean, já que este falava em inglês. Eu senti que essa perseverança e consideração mereciam ser recompensadas; portanto, pedi a Jean que fosse buscar minha "Maria" na cabana, junto com o diapasão. Levando em consideração o esmero com que Mapita desempenhava seus afazeres diários, eu não me surpreendi quando voltei a encontrar a pluma branca pendurada na alça de "Maria". O único sinal do uso que Mapita fizera dela era que agora a pluma apresentava uma leve coloração ocre.

Ver o violão e me ouvir enquanto o afinava colocou nosso círculo de ouvintes num estado de alegria expectante. Não só por fidalguia, mas também para corresponder à expectativa das crianças, tratei de juntar todas as peças de meu repertório que tivessem algo de "infantil". Até mesmo *Chica*, em geral quieta e reservada, viu-se contagiada pela alegria e, tomando o irmão menor pela mão, participou de uma espécie de dança de roda à maneira guajara que tinha sido suscitada pelo som de meu violão. Jean ficou tão encantado com tudo aquilo que saiu correndo em direção ao ancoradouro em busca de uma fita para a filmadora. Quando voltou, seu rosto estava fechado e sombrio.

— Foi-se — ele disse. — Perdido. Simplesmente já era!

— O "tesouro"? — Eu não acreditava em meus ouvidos. — Como assim?

— Esse filho da puta desse tenente. Esse maldito demônio me enganou direitinho, seguindo todas as regras dessa arte.

— Mas como assim? — eu repeti. — Como é que eles podiam saber ...

Jean "cuspiu" tudo e, coisa muito pouco habitual nele, dessa vez sua narrativa estava coalhada de palavrões. Por essa razão eu a reproduzo aqui de maneira bastante breve. Depois de ter feito as pazes com o oficial no dia anterior, a busca na aldeia continuou. Jean então apanhou a câmara para filmar algumas seqüências do trabalho da polícia das minas, segundo as palavras do próprio Jean. Mas o tenente, sem deixar margem a dúvidas, esclareceu que era absolutamente proibido filmar na área de concessão da companhia, e ele precisava confiscar a câmara. Jean, ainda sob a influência do êxito obtido anteriormente, conseguiu dissuadi-lo apesar disso, sendo que não era preciso incomodar uma vez mais seu "bom e velho amigo Don Ermanno". Eles fizeram um acordo: Jean podia ficar com a câmara, mas tinha que entregar em custódia ao tenente todos os filmes disponíveis até a partida da polícia das minas. Jean sabia perfeitamente que não se tratava de registrar a paisagem ou a vida idílica numa aldeia guajara, e sim exclusivamente da rude ação da polícia. Por essa razão ele tinha concordado em entregar as três fitas trancadas no nosso "tesouro". Este era na verdade uma simples caixa de lata, forrada com uma grossa camada de isopor. Esse material cumpria três funções: amortecer os golpes, isolar o calor e aumentar a capacidade de flutuação do "tesouro" — caso ele caísse na água. Com palavras amistosas, mas sempre pouco comunicativo, o tenente devolveu o precioso objeto ao despedir-se de Jean no ancoradouro. Já que estava ali mesmo, Jean voltou a guardá-lo no lugar de costume em nosso bote de borracha, cobrindo-o com a lona para protegê-lo do calor do sol.

— E eu cheguei até mesmo a acenar para aquele cão maldito — Jean, bilioso, encerrou seu relato. — Mas eu deveria ter pensado que qualquer pateta de aldeia teria conseguido abrir o "cadeado do tesouro" com um simples grampo!

Jean fez ainda alguns outros ataques a si mesmo, que eu não contestei porque estava tão zangado quanto meu companheiro. Foi só depois de algum tempo que pude esclarecer que as fitas teriam se perdido de qualquer maneira. Isso não ajudou a melhorar seu humor em nada. Mapita então nos surpreendeu com uma espécie de tamales, tortilhas e agrião fresco. Devemos a ela o favor de tirar Jean de seu mau humor, de forma que ele já estava disposto a conformar-se com a perda. Mas é de presumir que consolo mesmo ele só encontrará pouco antes de morrer.

À tardinha, logo depois da sesta, Mapita inspecionou meu ferimento, que eu mal tinha sentido ao longo das últimas duas horas. Mas ela não se deu por satisfeita com isso, esclarecendo que queria cuidar do ferimento seco para ter certeza de que a cura era definitiva. Nem Jean nem eu entendemos o que ela quisera dizer com isso, pois Mapita voltara a usar aquela palavra em língua guajara que já não tínhamos conseguido entender da primeira vez. É possível que não exista um vocábulo em espanhol para esse conceito.

Ela mesma desvendou o mistério logo depois, ao aparecer com uma tigela cujo conteúdo só pode ser descrito como uma gelatina opaca e amarelada. Um leve perfume de limão encheu minhas narinas quando ela começou a untar minha coxa cuidadosamente com a pasta, usando para isso as próprias mãos, de tal forma que o ferimento e a área ao seu redor ficaram cobertos pelo que parecia uma fina panqueca. Ela então retirou-se apressada com sua tigela, não sem antes ordenar-me que mantivesse a perna totalmente imóvel a partir de então.

Eu só entendi o porquê de tudo isso quando ela voltou alguns minutos depois: ela tinha limpado o mais rapidamente possível as mãos, que agora exalavam um forte perfume de limão.

— O senhor mexeu, *Señor* Klaus — ela disse em tom de repreensão, apontando um ponto na margem da "panqueca". — Ali!

— Com muito cuidado, e só com um dedo — protestei.

Ela procurou minha mão com os olhos e observou a ponta amarela de meu dedo médio.

— Agora o senhor não tente mais tirar — ela disse balançando a cabeça. — Senão o senhor arrebenta a pele. Uma semana ou um pouco mais, e então ela sai sozinha. Não tentar antes, *Señor* Klaus!

— Não, não, claro que não, Mapita — assegurei e olhei para minha "bandagem", que em tão pouco tempo já tinha começado a mudar de consistência, o que pareceu deixar a mulher muito satisfeita. Como num passe de mágica, a gelatina transformou-se numa espécie de segunda pele de borracha que aderiu firmemente à minha coxa, de tal maneira que era impossível removê-la. A imagem da seiva leitosa da seringueira cruzou pela minha cabeça, mas não podia ser isso, ou só isso, e eu então fiz algumas perguntas. Mas claro que nesse ponto Mapita encontrou dificuldades para se fazer entender. Ela voltou a usar aquela palavra ominosa, que soava como "pixupochtl" e que, sem dúvida pertencia ao idioma guajara. Enquanto isso, parece que o tempo de secagem já tinha passado, pois a mulher umedeceu o dedo com saliva e fez o mesmo que eu tinha feito um pouco antes. Mas nada ficou grudado em seu dedo. E eu fiquei contente em ter usado o dedo médio de minha mão direita, já que precisava da esquerda para minha "Maria", ou melhor, para segurar o braço dela.

Para colocar à prova a ação e a durabilidade do "pixupochtl", demos um passeio pela aldeia, parando aqui e ali para conversar um pouco. Jean permaneceu o tempo todo a meu lado, mas logo nós dois comprovamos que eu não precisava mais de apoio para me locomover como um animal bípede. Como eu já tinha descoberto, o "pixupochtl" dava a exata sensação de uma segunda pele, e no entretempo tinha-se tornado tão transparente que era possível reconhecer todos os detalhes da ferida, da crosta e até mesmo dos pêlos da minha coxa.

— Se os nossos Senhores Cirurgiões ficassem sabendo disso ... — Jean murmurou.

— Ou a indústria farmacêutica ... — concordei.

— E além disso, Mapita disse que no mais tardar amanhã ela ficará também impermeável — ainda acrescentou Jean.

Tínhamos chegado a uma plantação de bananas atrás do moinho de vento, e plantas semelhantes a árvores invadiam a mata de arbustos. Demos a volta e concordamos que, na manhã seguinte, o mais cedo possível, iniciaríamos a viagem de volta. Quando dissemos qual era o nosso propósito a Mapita, ela simplesmente assentiu sem mover um único músculo do rosto, mas a maneira como nos tratou naquela noite e na manhã seguinte era mais eloqüente que vários tomos ...

A aldeia inteira estava de pé. Não conseguimos levar por nós mesmos nem um único pacote do nosso equipamento. E tivemos de nos esforçar muito para explicar àquelas pessoas que nosso bote de borracha não era um cargueiro a vapor. Simplesmente não havia espaço para todas as cabaças, frutas e até mesmo galinhas vivas que nos queriam dar como presentes de despedida e como provisões para a viagem. Terminamos por aceitar só algumas frutas e duas pequenas cabaças que *Chica* nos entregou com timidez.

Nós não tínhamos nos aprofundado muito nos usos e costumes dos guajara, e eu simplesmente me arrisquei, puxei *Chica* para mim e dei-lhe um beijo no rosto. Seus olhos logo adquiriram um suspeito brilho úmido. E como a coisa tinha dado certo, fiz o mesmo com seu irmão Paico, com Mapita e com o caçula da família, que agarrava minha barba.

Tal como acontecera na saudação, três dias antes, também dessa vez Jean seguiu meu exemplo, coroando sua atuação com uma variante: ao coçar a barriga do menorzinho com seu dedo indicador, arrancou um guincho alegre do pequeno e altas gargalhadas de todos os outros. Tal como se sabe por todas as séries familiares de televisão, a gargalhada no final de cada seqüência é obrigatória. Aproveitando o momento favorável, subimos no bote e zarpamos. Eu me deitei na proa e estiquei a perna, enquanto Jean sentou-se na popa e deu a partida no motor. Não eram simples guajaras, não eram índios pobres, mas estávamos deixando para trás amigos, cujos acenos nos acompanhavam enquanto Jean manobrava lentamente, afastando-se do ancoradouro.

Permanecemos calados por um longo tempo, tomados pelos mesmos pensamentos e sensações. Um pouco menos de cobiça, um pouco mais de compreensão no mundo ...

Uma hora depois e já estávamos passando pelas lagunas rasas, pela fazenda distante com o gado e o moinho de vento e até mesmo por aquele banco de areia atravessado em diagonal, ao largo do rio. É sempre mais fácil navegar a favor da correnteza. Logo depois, a selva tropical nos recebia de volta. Nós nos deixamos levar enquanto Jean enchia o tanque de gasolina. Foi justamente ali, numa parte plana da margem, que descobrimos toda uma vara de porcos selvagens. Não posso afirmar com toda certeza que se tratavam realmente de porcos selvagens, mas de qualquer maneira eles eram negros e, com seus focinhos e presas, tinham uma aparência bastante impressionante. Eu nem mesmo sei se se diz "vara" quando nos referimos a esses porcos selvagens. Nós certamente não os teríamos visto se o motor estivesse em marcha. Nenhum cachorrinho tinha o olhar mais triste que o de Jean, que evidentemente pensava em nossa inútil câmara. Ele já o dava a entender enquanto fechava o tanque e tampava o galão.

— Madeira de arribação — ele disse. — Acho que é um tronco de árvore. Por favor, vire-se para a frente e fique vigiando.

E assim acabou a moleza para minha perna. Nós demos a partida alguns instantes depois, e Jean se desviou um pouco para evitar o obstáculo. Eu estava ali sentado e entediado, montando guarda. Mas então o tédio acabou de um só golpe.

— Cuidado, Jean! — eu gritei alto. — Isso não é um tronco!

De repente, o "tronco" tinha adquirido vida. Era um animal. Dez metros, no máximo, nos separavam dele, quando Jean colocou a hélice em posição de marcha à ré. Mas nós já tínhamos ultrapassado uma distância segura para aquele animal. A cabeça sibilante de uma cobra de incrível tamanho ergueu-se da água, observou-nos por uns segundos enquanto nosso bote parava e começava a se mover para trás, e finalmente mergulhou. Só algumas partes de seu corpo ondulante eram visíveis, parecendo corcovas. Finalmente, a ponta da cauda se ergueu, chicoteou a superfície da água com um golpe violento e também desapareceu. Pela movimentação da água, era possível calcular que o gigantesco réptil se dirigia à margem, procurando o abrigo dos galhos e lianas que se debruçavam sobre o rio.

— O monstro do Lago Ness — ele brincou, embora seu nariz ainda estivesse pálido.

— Uma anaconda — retruquei. — Calculo que com uns doze metros de comprimento. Imagine o que teria acontecido se a hélice a tivesse atingido!

Nenhum de nós sabia a resposta, e evitamos continuar especulando a respeito. Jean acelerou um pouco mais, e eu certamente não estou enganado ao presumir que a esperança dele era evitar outros encontros desse tipo com o barulho do motor e da hélice. Nós, portanto, prosseguimos nossa jornada em silêncio. Mas em algum momento eu precisava pôr aquilo para fora, e perguntei com hipocrisia:

— Que tamanho você acha que tem uma nota de cem dólares para uma família guajara?

Eu esperava que minha pergunta despertasse alguma surpresa, mas me decepcionei amargamente.

— Maior do que um lençol — Jean me respondeu com indiferença. — Passarei a me chamar "Heini" para o resto de minha vida se os trabalhadores do campo de mineração conseguem guardar mais do que dez dólares de seu salário no final do mês.

— Então cem dólares equivaleriam mais ou menos ao salário de um ano?

— Cem dólares? Claro. — Nada abalava a indiferença de Jean. — Você acha talvez que é o que está agora na cabana de Mapita, sob o lindo tapetinho diante do altar de imagens sacras?

Eu teria adorado esganar aquele desmancha-prazeres, mas não deixei que ele notasse nada.

— Como é que você sabe?

— Porque ontem à noite eu vi você naquele canto... de fora, através da cortina de contas. Para falar a verdade, você age de maneira infinitamente tola quando quer fazer algo escondido.

— Pode parar por aí — rosnei, profundamente ferido em minha auto-estima. — Você jamais poderia reconhecer que se tratava de uma nota de cem!

— Não, de lá, não — ele concedeu com tranqüilidade. — Só depois, quando coloquei uma segunda nota no mesmo lugar. Com certeza, a sua é suficiente para comprar a liberdade não só do marido de Mapita mas também a de outros trabalhadores da aldeia. Eu então pensei que seria bom se eles tivessem ainda um pouco mais. E exatamente como você, também estou convencido de que Mapita não teria aceitado um único centavo nosso. O que quer dizer que chegamos à mesma conclusão de maneira totalmente independente. Ou você acha que tem, digamos, direitos autorais sobre essa idéia?

Ele estava muito longe para que eu o abraçasse. Demonstrei essa vontade, portanto, com um sorriso amistoso, e tenho certeza de que ele entendeu exatamente o que isso queria dizer. Além do mais, por aí pode-se calcular como às vezes os homens também mudam de humor: dois minutos antes eu ainda queria esganá-lo.

Mal tinha passado do meio-dia quando chegamos ao "Steelhead" e pela primeira vez esticamos nossos ossos já cansados no convés. A pressão equilibrada entre a terra e o mar, que ocorre ao meio-dia, tinha feito com que o vento cessasse completamente. A laguna parecia um espelho liso e brilhante, de maneira que não tivemos nenhuma dificuldade para descarregar o bote de borracha. Colocamos no tanque o combustível que tinha sobrado para esvaziar o galão, cujo lugar era na coberta do convés, ao lado de nossa prancha de surfe, onde Jean a amarrou.

Enquanto remexíamos e arrumávamos tudo, Jean ligou o rádio de ondas curtas, e seu chiado acompanhou nossa atividade. Nós dois estávamos num estado de espírito que não posso descrever. A viagem ao interior tinha ficado para trás, continuando a produzir efeitos na memória. Ao mesmo tempo nossos pensamentos estavam ocupados com o prosseguimento de nosso cruzeiro à vela pelo Caribe. Não sei dizer por que sentia isso como uma contradição. Simplesmente era assim. Apanhei um punhado de bolachas de nossa geladeira de isopor e, feito o trabalho, sentei-me na coberta. Só faltava esvaziar e subir a bordo o bote de borracha para que pudéssemos zarpar. Mas eu não tinha vontade de fazer isso.

Jean, que também já estava pronto, observou-me por um momento e voltou a desaparecer na cabina. Quando voltou, trazia as duas cabaças e o bule de alumínio amassado que tinha levado para baixo pouco antes. A água, proveniente ainda do poço caiado de branco junto ao moinho de vento, estava evidentemente morna, mas o suco de limão que a melhorava tinha sido espremido por Mapita na manhã daquele mesmo dia. Nossa despensa estava bem abastecida, inclusive com belas latas de cerveja gelada, mas preferimos ficar sentados na coberta, mastigando bolachas secas e molhando a boca com limonada morna. Certamente não é preciso gastar mais palavras para explicar nossa *frame of mind*. Estávamos pensando nas pessoas da aldeia guajara e nos despedíamos delas uma vez mais.

— Acho que só uma coisa pode nos ajudar — Jean comentou quando as bolachas terminaram. — Vamos passar pelo recife e meter o nariz debaixo d'água. O que você acha?

Ele apontava para os dentes de dragão cinzentos da barreira de coral que separava a laguna do mar aberto. Eu não sentia muita vontade, mas tive de admitir que as condições eram ideais, já que não se notava nenhuma arrebentação. Além disso, nós tínhamos mergulhado muito pouco durante esse cruzeiro.

— Vamos então — eu assenti. — Vamos procurar o grande tubarão de que os pescadores falaram.

Testamos o equipamento, levamos tudo para o bote de borracha e partimos. Com a superfície da água tão lisa, não tivemos nenhum problema para passar por uma estreita abertura entre os dentes de dragão e lançar a âncora sobre um deles. O gancho ficou preso imediatamente, de modo que não era preciso mais nada para amarrar o bote. Com rapidez, vestimos a roupa com as garrafas de oxigênio, os cintos com pesos de chumbo e os pés-de-pato. Três, quatro inalações de teste, e saltamos de costas sobre a borda.

Pela cor da água, já tínhamos percebido que ali, do lado de fora do recife, a profundidade da água era maior. Em linguagem de mergulhador: tratava-se de um *drop off*. Para aqueles menos familiarizados com o mundo submarino, eu o descreveria como uma parede íngreme, sobre a qual crescem adoráveis formações de coral, sendo interrompida aqui e ali por placas rochosas salientes em cujas bordas havia peixes escuros, como se estivessem reunidos ao redor de uma mesa.

Tudo isso nós víamos, a princípio, de cima, pois nadamos ao longo do recife por um bom tempo para ter uma visão geral. Naturalmente, o íngreme precipício parecia não ter fim. Não havia plâncton ali e a visibilidade, portanto, era boa. Ao mergulhar, permanecemos próximos à parede. Sobre nós cintilava a luz do dia, que ao ser quebrada por qualquer ondulação na superfície, marmoreava o rochedo cinzento. Sob nós, entretanto, a escuridão progressiva não nos deixava distinguir o fundo.

Em situações como essa, somos tomados, às vezes, por uma sensação inquietante. Isso não tem nada a ver com o medo de se afogar, e sim com a incerteza e a falta de objetivo, pois na escura profundeza sem fundo não se tem diante dos olhos um ponto de orientação. Com isso, perde-se a capacidade de calcular distâncias, quando algo nada em nossa direção, e ao mesmo tempo perde-se também o senso de proporção. Só quando se descobre um ponto onde se pode fixar os olhos, seja um rochedo ou um pequeno cardume de peixes, é que se recupera de imediato a visão do espaço e que se pode avaliar novamente o ambiente em torno e o tamanho das coisas. Eu, pelo menos, me sinto aliviado, e soube de vários amigos que têm a mesma opinião.

A determinada profundidade, a cor dominante era o vermelho vivo dos corais arbóreos, esticando longe seus dedos. O que a princípio tinha-nos parecido placas rochosas revelava-se, de perto, como excrescências de corais gigantes completamente cobertas por anêmonas-do-mar. Encontrava-se ali tudo aquilo que sempre alegra o coração de um mergulhador: meandrinas esféricas que pareciam cérebros humanos com suas infindáveis circunvoluções e, em geral perto delas, placas de corais urticantes dos quais é melhor se manter afastado, pois o contato com seus filamentos pode ser muito desagradável. Junto a eles havia também corais macios de um esplendor de cores indescritível.

Mais ao fundo, a parede estava crivada de buracos maiores, que ofereciam proteção a numerosos seres vivos. Fendas e tocas se abriam por toda parte. Flutuando sem peso, nós nos demoramos junto a uma aresta rochosa a uns quinze metros de profundidade, envolvidos num cardume de minúsculos peixinhos de um vermelho luminoso. Eles transformavam os restos da luz do sol em rubis faiscantes. Peixes-borboleta brincavam entre os corais arbóreos, e a alguma distância movia-se uma fila de peixes chifrudos verdes. Dois deles se aproximaram curiosos, a tal ponto que poderíamos ter tocado o estranho chifre que exibem na parte dianteira da cabeça. Tudo indicava que tivéramos um grande golpe de sorte. Aparentemente, éramos os primeiros mergulhadores a entrar nesse paraíso subaquático.

Ouvi golpes metálicos e olhei em volta. Jean estava um pouco abaixo de mim e acenava na minha direção. Visto de cima, ele flutuava sobre o abismo negro que ainda não tinha perdido sua aparência assustadora. Jean apontava para uma grande moréia; fitando-nos com olhos arregalados, ela permanecia à entrada da sua toca, as aletas do peito vibrando com energia. Nadando um pouco mais, descobrimos entre os corais alguns buquês azuis que desapareceram num piscar de olhos quando nos aproximamos. Ficamos quietos por algum tempo, e quando eles, cautelosos, voltaram a aparecer, percebemos que se tratavam de tridácnias, um grande mexilhão com filamentos bucais azuis. Eles são parentes dos mexilhões gigantes australianos, cuja concha pode atingir um metro de diâmetro e que chegam a pesar até 150 quilos. Diz-se que pescadores de pérolas já foram vítimas desses moluscos ao ter um braço ou uma perna presos em suas conchas. Por essa razão, muitos o chamam de concha assassina.

Subimos um pouco e nadamos ao longo do recife para sondar e apreciar ainda mais aquele mundo maravilhoso. Os raios do sol que caíam em diagonal criavam cintilações coloridas sempre novas, que nada ficariam a dever se comparadas a uma coleção de jóias. Foi só por acaso que eu vi algo aproximar-se, vindo das profundezas e, por minha vez, chamei a atenção de Jean, golpeando minha garrafa de ar comprimido com a faca de mergulho. Alguns golpes de nadadeiras e ele estava ao meu lado. Ele então se revelou para nós dois ao mesmo tempo, um tubarão de focinho prateado, de uns três metros de comprimento, que vinha nadando lentamente em nossa direção. Permanecendo a uma distância de uns dez metros, ele parecia observar os estranhos seres vivos que produziam ruídos tão esquisitos e estavam sempre soltando uma torrente de bolhas de ar. O animal então perdeu o interesse, moveu-se para um lado e foi embora.

Achamos estranho que o tubarão tivesse chegado a tão pouca distância de nós, e consideramos isso como mais um indício de que éramos os primeiros a mergulhar naquele recife de coral. Ao mesmo tempo, esse encontro era um bom modo de encerrar nosso mergulho. A verdade é que não estávamos especialmente preocupados, mas de qualquer forma não perdemos de vista o fundo escuro enquanto nadávamos de volta ao bote de borracha.

Foi só quando já nos dirigíamos ao "Steelhead" que falamos a respeito, e eu pude constatar que olhar para as profundezas negras e sem fim despertava em Jean as mesmas sensações que eu sentia.

— São reações do subconsciente, que têm sua origem em tempos imemoriais — disse ele sorrindo. — O pior para mim é quando nado no mar escuro, à noite, sem máscara de mergulho. Eu sinto então muitas vezes um frio na barriga, como quando era criança.

A bordo do "Steelhead", a primeira coisa que fizemos foi lavar os aparelhos de ar comprimido e a roupa de mergulho com água doce, estendendo-as para que secassem. Só então nos decidimos a tomar uma cerveja gelada. Não há nada melhor para tirar o gosto ruim que fica na boca depois de se respirar ar comprimido. Evidentemente animado com a cerveja, Jean logo desapareceu na cozinha. Eu já sabia o que viria a seguir. E veio de fato: meia hora depois, quando o sol já mergulhava nas nuvens que pairavam sobre as montanhas da Nicarágua, Jean serviu suas adoradas panquecas, além de feijões com toucinho. E embora eu soubesse que os feijões não fossem mais do que o conteúdo de uma lata de conservas aquecida, não poupei elogios a sua arte culinária. Eu já sabia por quê ...

XIV

Era um esforço sobre-humano para um homem que acabara de superar as piores seqüelas de seus graves ferimentos. Mas Erec sofria mais com a solidão naquele ermo aparentemente interminável do que com o esforço de uma marcha que já durava uma semana. As privações e o esforço constante, que quase ultrapassavam a resistência física de um ser humano, tinham-no colocado num estado onírico, um transe que se sobrepunha a sua consciência e só lhe deixava seguir os próprios instintos.

Já durante as primeiras semanas, ele voltava sempre a encontrar trilhas congeladas em meio à neve, que lhe indicavam o caminho. Elas apontavam na direção que ele tinha tomado desde o princípio. Uma dezena de tobogs, o dobro de renas, vários cães e todo um clã de seres humanos não poderiam mover-se por uma região como aquela sem deixar rastros. Depois de um tempo, não houve mais nevadas, de forma que as pegadas permaneciam claramente visíveis. É claro que a temperatura subia à medida que os dias ficavam mais longos. As superfícies nuas entre os campos de neve se tornavam cada vez maiores; por toda parte, um verde novo despontava. Os sinais de que o clã do Vale dos Mamutes tinha passado por ali semanas antes eram cada vez mais raros.

A vegetação que brotava por toda parte terminou com a preocupação de Erec de procurar alimento para sua rena. Por outro lado, suas próprias provisões tinham sido consumidas quase inteiramente, já que ele precisava compartilhar a carne seca e o "pam" com seu cão-lobo cinza. Por duas vezes ele teve que tirar um dia de descanso para caçar, e nisso o cão era um ajudante imprescindível. Erec há muito tinha desistido de pensar até onde o clã teria chegado antes que a neve tivesse derretido completamente. Eles precisavam dos tobogs para transportar as crianças e as provisões, e os tobogs precisavam de neve. Será que eles teriam conseguido uma vantagem tão grande a ponto de Schambuh não ter conseguido alcançá-los? Os lapsos de tempo entre as partidas do clã, de Schambuh e dele mesmo eram muito incertos para que se pudesse fazer algo assim como um cálculo. Por essa razão, o ímpeto e a inquietação de Erec assemelhavam-se ao instinto de um animal. Desde a aurora até a noite, ele estava de pé, arrastando-se para diante.

A paisagem ondulava. Era preciso contornar depressões pantanosas que impediam que ele prosseguisse. Mas as mesmas dificuldades também tinham que ter dado o que fazer a Schambuh. Além disso, ele não tinha um cão para ajudá-lo a caçar, e suas provisões limitavam-se àquilo que ele mesmo pudera carregar. O que significava que ele devia ter começado a caçar antes, se é que queria sobreviver. Seria Schambuh um caçador experiente? Quem era ele? Um xamã cheio de ódio. Um homem que exercera tanto poder tinha que ser grande e forte. E era certamente um lutador experiente, pois tinha abatido vários adversários com seu machado de obsidiana. Até ele mesmo, Erec, teria sido vítima de seus grandes poderes, caso o espírito das águas do rio dos Ursos não tivesse ficado ao lado dele e o tivesse tirado de lá.

Esses eram os pensamentos que passavam pela mente de Erec, enquanto ele caminhava rumo a uma cadeia de montanhas que parecia erguer-se pouco a pouco no Oriente. Lá, em algum lugar entre os cumes abruptos, o clã devia ter erguido um acampamento de verão, para prosseguir sua marcha no outono, quando novas provisões tivessem sido armazenadas e as depressões pantanosas estivessem cobertas de gelo. Isso se Schambuh, antes ... A capacidade de imaginação de Erec terminava aí. Havia ainda três homens com o clã do Vale dos Mamutes. Será que eles estariam à altura de um xamã enlouquecido pela sede de vingança e que tinha demônios como aliados?

Parecia que o pássaro vinha diretamente do sol. Era o começo da tarde, e o Pai Sol Hoh estava alto, sobre a cadeia de montanhas a leste. De modo que o grande pássaro parecia uma sombra a contraluz, deslizando sem quase mover as asas. Aparentemente, o movimento no chão despertara sua curiosidade, o homem com seu cão e sua rena. Erec precisou entrecerrar os olhos para seguir a trajetória de seu vôo. Então, quando o pássaro traçou um grande semicírculo sobre ele e se deslocou para o lado batido pelo sol, ele percebeu subitamente que a plumagem dele não era de forma alguma escura, e sim de um branco radiante. Havia gansos da neve e outras aves brancas nas terras do interior, e também gaivotas de diversas espécies na proximidade dos rios, mas Erec jamais tinha visto um pássaro branco como aquele. A silhueta, com as grandes plumas estendidas na extremidade das asas, correspondia à de um corvo, mas é claro que corvos brancos só existiam nos provérbios e nas narrativas míticas. E justamente lá, onde o pássaro desapareceu, ele descobriu um fio de fumaça que subia por trás do cume de uma colina. Esse comportamento também correspondia ao de um corvo, já que a constante busca de carne forçava essa espécie a procurar animais mortos ou restos de presas de animais de rapina. Portanto, era natural que qualquer movimento na terra despertasse a atenção dele. Provavelmente, pensou Erec, ele não teria visto aquele fiapo quase invisível de fumaça se seus olhos não tivessem seguido o Corvo Branco. Será que um espírito, um demônio guiava o vôo da ave?

Um fio de fumaça já lhe tinha indicado o caminho uma vez, quando encontrou seus primos do clã do Castor. O mais rápido que podia, Erec se desviou da rota que seguia e contornou a colina. Tomado de grande expectativa, atou as patas dianteiras da rena, como costumava fazer durante a noite, deixando-a entre densos arbustos. Então apanhou seu punhal de sílex, segurou o cão pelo cangote e se aproximou cuidadosamente do lugar de onde a fumaça subia. Foi então que ele avistou o homem.

A tensão se dissipou imediatamente. Aquele caçador solitário não podia ser Schambuh. Ele era pequeno e atarracado, e não usava toucado ou qualquer outro tipo de ornamento, como os xamãs. Envolto numa espécie de sobretudo de pele já duro de tão sujo, ele estava sentado de pernas cruzadas junto ao fogo, metendo avidamente os dentes num pedaço de carne semicrua. Era evidentemente uma lebre da neve que ele tinha acabado de abater; a seu lado, no chão, estava a lança da qual pendia, ainda sangrando, a pele malhada de cinza e branco devido à mudança de pelugem da primavera.

O cão rosnou baixinho. Erec segurou-o melhor pelo pescoço ao erguer-se e aproximar-se do fogo. Ele estava a apenas poucos passos de distância quando o homem atirou um osso para um lado e se inclinou para retirar do fogo outro pedaço de carne, enfiado num ramo verde. No instante seguinte, ele se virou, ficou de pé de um salto e sua mão desapareceu sob a capa de pele. Mas a visão do seu barbudo visitante o deixou paralisado.

— Quem... quem é você? — exclamou ele com voz sufocada. — Você é ... — O homem olhou para o cão e não completou a pergunta. Seu rosto achatado, com olhos escuros e penetrantes, desfigurou-se com o reconhecimento mortal.

Um segundo depois, os acontecimentos se precipitaram. Erec quis levantar a mão para apaziguar o homem estupefato. Este, então, retirou uma machadinha escura que tinha escondida sob a capa de pele.

— Erec! — ele uivou.

O cão lançou-se adiante no mesmo instante, rosnando raivosamente; seu olfato não se deixava enganar pela aparência mudada, envelhecida, de um homem. Schambuh ainda conseguiu erguer a machadinha de obsidiana. Erec amorteceu o golpe com o antebraço e desferiu outro com o punhal de sílex. Schambuh foi atingido somente de raspão, pois o cão se interpunha entre ambos. Mas os caninos deste já haviam se fechado sobre a garganta de Schambuh e a estavam dilacerando. O instinto de seus antepassados, os lobos, levava-o a atacar o ponto mais vulnerável do adversário.

Schambuh caiu de costas, os olhos arregalados, o sangue jorrando de seus lábios retorcidos. Erec deixou cair o punhal e arrancou das mãos do xamã a machadinha que este ainda empunhava. Só então ele afastou o cão de sua vítima.

Era tarde demais. Schambuh ainda tentou falar alguma coisa, mas o resultado foi apenas um gorgolejo inarticulado. Subitamente, então, seu corpo ficou rígido, os olhos escuros fitando o céu.

Como se movido por um impulso mágico, Erec apanhou seu punhal e enfiou a machadinha de obsidiana no cinto. Retirou então os restos de carne de lebre do fogo e, imóvel, observou como o cão os devorava. Ele não precisava mais olhar para o morto pois, como se emergindo da névoa, a imagem de como o homem era antes retornava à sua memória. E, de repente, havia ainda outros rostos e outras figuras: Aulih, a Velha Sábia — sua família — as outras pessoas do clã do Vale dos Mamutes ... Para ele, era como um renascimento. Agora, finalmente, ele sabia quem realmente era.

Um pouco mais tarde, ele voltou para onde estava a rena, soltou-a e retomou o caminho rumo às montanhas. Ele deixou o fogo aceso, e não voltou a tocar o morto. A sentença do Grande Conselho fora cumprida. O Corvo Branco, que observara tudo de uma árvore próxima, poderia fazer suas refeições ou não, pois de qualquer forma os lobos e as raposas não tardariam a sentir o cheiro da morte.

Havia um caminho aberto que saía da taiga e chegava às montanhas. Fazia quase um mês que eles tinham encontrado a caverna aos pés da encosta. Logo depois, já no interior, depararam com aquele sinal, que só podia ter sido deixado pelo clã do tio Bozarum, o clã das Mãos de Pedra. Ou pelo menos foi isso que Aulih, a Velha Sábia, lhes contou. Muitas tribos e clãs usavam terra vermelha para desenhar bisontes das estepes, renas, mamutes e outros animais sobre superfícies planas de pedra. Essas figuras eram em sua maioria um componente da magia de caça de um xamã. O clã das Mãos de Pedra, entretanto, tinha acrescentado algo novo, ao qual deviam seu nome: o delineamento em negro de uma mão aberta, que reforçaria ainda mais a magia. Apesar disso, suas caçadas não se tornaram mais frutíferas, e por essa razão o clã tinha emigrado para o leste. Nunca mais se teve notícias do tio Bozarum e de seu clã, e eles agora deparavam com a prova de que tinham permanecido ali por algum tempo antes de prosseguir caminho. Os numerosos ossos e objetos quebrados encontrados junto à entrada da caverna, que tinham sobrevivido ao passar dos anos, comprovavam que não se tratara de um simples repouso.

A primavera já estava adiantada, e também naquelas latitudes nórdicas já não havia neve suficiente para prosseguir com os tobogs. Além disso, havia por ali bosques e pastos suficientes, que nessa época se tornavam verdejantes, para alimentar as renas. Eles, portanto, decidiram passar ali o curto verão. Logo depois disso, alguns bisontes tinham passado pela margem da cadeia de montanhas, movendo-se rumo ao norte, e os caçadores tinham conseguido abater três deles. Isso era suficiente não só para a provisão de carne fresca, mas também para a preparação de "pam" e de carne seca para futuras épocas de carência.

A natureza às margens da tundra também se preparava para o curto verão, e ali as frutas silvestres amadureciam antes que em outras regiões. Era preciso aproveitar a época; por isso todas as mulheres e até mesmo as crianças saíam diariamente para colher a maior quantidade possível. Aulih, a Velha Sábia, as orientava, enquanto ela mesma colhia ervas para fumar e, mais tarde, as frutas amargas e não comestíveis de que precisava para conservar o "pam".

Apesar de incompreensível para todos eles, o fato de o corvo branco tê-los seguido em sua longa jornada era muito bem-vindo. Na verdade, de vez em quando ele passava um dia fora, mas no dia seguinte estava de volta, sempre um pouco antes do pôr-do-sol, para recolher sua comida em alguma pedra das proximidades. Às vezes ele voava em círculos sobre o grupo de mulheres e de crianças, quando voltavam da coleta de frutos, e chegava até mesmo a localizar os caçadores que, em suas incursões, costumavam se afastar bastante do acampamento.

Chegou a época em que as frutinhas amargas amadureciam, e as mulheres dirigiam-se às terras baixas e pantanosas. Lá, Aulih lhes tinha mostrado uma planta cujas raízes carnosas e brancas podiam ser tostadas na brasa. Eram tão saborosas que até as crianças estavam sempre queimando os dedos na tentativa de conseguir um pouco mais. Essa poderia ter sido uma época de felicidade não fosse a lembrança de Schambuh e da morte de Erec. Seu filho, Menino-lobo, que agora já tinha quase meio ano de idade, fazia com que sempre voltassem a se lembrar.

Os homens nunca falavam sobre o assunto, mas em suas excursões de caça estavam sempre atentos, buscando constantemente os rastros de um ser humano. Afinal, a distância que os separava da Montanha Corcunda podia ser coberta em menos de duas luas, e ninguém podia saber se Schambuh não teria usado seus poderes mágicos para reunir um grupo de homens com a intenção de vingar-se do clã do Vale dos Mamutes.

Mas não foram os caçadores, e sim as crianças as primeiras a descobrir movimento entre os arbustos distantes. Elas continuavam coletando frutas silvestres na encosta sobre a caverna, e de lá podiam ver a grande distância. Assim que perceberam que se tratava de um homem, uma rena e um cão, desceram a ladeira correndo e se apressaram a entrar na caverna. Os homens tinham saído para caçar e as mulheres estavam nos pântanos colhendo raízes. Só Aulih estava sentada diante do fogo preparando suas ervas de fumar. Falando muito depressa num torvelinho caótico de vozes, as crianças contaram a novidade e só se calaram quando Aulih levantou a mão para pedir silêncio.

— Já faz três dias que o corvo branco está longe — disse a Velha Sábia com sua voz alquebrada. — Eu sei que é ele que está voltando. Sim, é ele! Minha avó me consagrou como Protetora do Fogo, e eu já o tinha visto no fogo faz muitos dias. — Uma das crianças era a filha de Aulikah, sua pequena neta Erakah. Aulih fez um sinal para que se aproximasse e puxou-a para si. — Chegou o tempo — ela continuou em voz baixa. — Não falta muito para que eu me vá. Então você, Erakah, será a Protetora do Fogo ...

A alegria foi indescritível quando Erec, o jovem chefe, reencontrou sua família e seu clã. Foi necessário quase uma semana para que ele dominasse e assimilasse todas as impressões que o tinham assaltado desde seu despertar na caverna junto à velha mulher louca e pudesse contar-lhes tudo. A princípio, suas tentativas eram hesitantes, e foi preciso que passasse o tempo decorrido desde o último outono para que ele pudesse reproduzir tudo o que tinha vivido e, mais tarde, tudo de que tinha tomado conhecimento pelas pessoas da Tribo Oriental.

— E Schambuh? — perguntou Eschruk finalmente, indicando a machadinha de obsidiana que Erec, desde o seu retorno, mantinha numa pequena bainha de pele no fundo da caverna.

Como se não tivesse ouvido a pergunta, Erec falou do Corvo Branco, por cujo intermédio tinha encontrado a fumaça da fogueira. Foi só depois que o nome do xamã, Schambuh, aflorou em seus lábios.

— Nós lutamos e eu o matei, como exigia a sentença do Grande Conselho — encerrou ele seu relato. E depois de uma longa pausa, acrescentou: — O corvo branco me levou a Schambuh. Eu não sei se o pássaro vai voltar ...

Então seu olhar interrogativo procurou Aulih, a Velha Sábia, que com rosto pétreo olhava para o fogo, embalando nos braços seu Menino-lobo.

XV

As últimas informações sobre o tempo em nosso rádio de ondas curtas deram-nos, no dia anterior, a segurança necessária para adiar nossa partida para a manhã seguinte. Tínhamos tomado um pequeno desjejum antes mesmo do nascer do sol: algumas bolachas e um pouco de chá do dia anterior, que em geral misturávamos com suco de limão para matar a sede nos dias quentes.

Levantar nossas três âncoras não foi tão simples como estávamos acostumados. Depois que as duas âncoras de emergência, menores, já estavam junto à roldana da proa, recolher a âncora principal sem roldana dessa vez foi um trabalho pesado. A roldana tinha quebrado algum tempo antes, quando Jean enfrentava uma tempestade, e até aquele momento ele não tinha encontrado as peças de reposição para consertá-la. Ela teria nos prestado bons serviços nesse momento.

Nosso motor a diesel colocou o "Steelhead" em posição sobre a âncora principal; o nome do seu iate ocorrera a Jean, na verdade, devido a um tipo de salmão norte-americano que se debate como louco quando é fisgado pelo anzol. Num esforço conjunto, tentamos erguer os 25 quilos de aço até a superfície, infelizmente sem êxito. Como não conseguíssemos, coloquei minha máscara de mergulho e, armado de uma lanterna, saltei para a água.

A aurora veio iluminar um pouco o cenário. Algumas respirações vigorosas e eu desci, agarrando-me à corrente. A uns oito metros de profundidade e sob a luz da lanterna de mergulho, pude ver que nossa âncora estava presa numa fenda rochosa. Depois de afastar uma pedra do tamanho de uma cabeça que estava entre a corrente e o fecho da âncora, consegui retirá-la sem esforço. Para isso eu tinha colocado a lanterna de lado, o que me deixava as mãos livres para trabalhar. Sua luz se refletiu em dois grandes olhos que me observavam a alguma distância. Ao emergir, dirigi o foco de luz para aquela direção e me assustei. Era uma barracuda de quase dois metros de comprimento que estava observando, com toda a calma, o que estava acontecendo ali embaixo. De novo a bordo, Jean já tinha recolhido a âncora e agora, movidos a motor, estávamos saindo da nossa laguna.

— Acho que o bicho que estava me olhando lá embaixo era uma barracuda — eu disse, demonstrando com os braços estendidos o tamanho aproximado do peixe. — E posso lhe garantir desta vez que não se tratava de uma barracuda de anzol.

Embora já tivéssemos mergulhado em meio a todo um cardume desses peixes predadores, nunca aconteceu nenhum incidente. Apesar disso, vê-los sempre me impressionava muito. A saliente mandíbula inferior desses lúcios do mar, com seus dentes semelhantes a agulhas com vários centímetros de comprimento, sempre me inspiraram o devido respeito. Sua especial deferência fazia com que freqüentemente mordessem a isca de lula em nossos anzóis. Mas nunca tínhamos preparado um deles em nossa cozinha, já que pescadores nativos tinham nos informado que a carne de alguns exemplares não era comestível, chegando mesmo a ser venenosa. Na mesma ocasião aprendemos que alguns pescadores testavam a qualidade da carne colocando uma moeda na boca do peixe e retirando-a depois de uma hora. Caso ela estivesse oxidada, então o peixe não podia ser comido. Esse teste nos pareceu tão duvidoso quanto aquele em que se cozinha uma colher de prata junto com os cogumelos para saber se são ou não são venenosos. Nós, portanto, prescindíamos inteiramente das barracudas em nossas refeições. Afinal, mesmo sem elas, nossa cozinha estava fartamente abastecida com os frutos do reino de Netuno. Nós apanhávamos regularmente caranhas-vermelhas, atuns, *jacks* lagostas e muitas outras espécies.

Depois de passar cuidadosamente a barreira de recifes, não havia mais perigo de encalhar em algum baixio, de maneira que soltamos as velas e demos descanso ao motor. Tomamos o rumo de Belize. Eu ainda tinha duas semanas de férias pela frente, e tínhamos muito tempo para voltar a Ambergris Cay, nosso ponto de partida. Se não surgisse nenhuma novidade até então, lá eu me despediria de Jean e tomaria o avião de volta para a Alemanha.

Finalmente, tínhamos mais de cinco braças sob a quilha; nos dois dias que se seguiram, navegamos despreocupados, a toda vela sob o suave vento que soprava do sudeste. No terceiro dia, surgiram sinais de mudança climática; o vento refrescou e mudou de direção, o que nos forçou a mudar o velame para poder manter o curso. Os dias foram passando e, contra todas as expectativas, o tempo continuou a nosso favor. Setenta metros quadrados de vela impeliam-nos adiante a uma velocidade considerável, de modo que a esteira de espuma que produzíamos parecia ferver. Era um cruzeiro extasiante pelo azul do Caribe.

Como costumava fazer em nossas viagens, eu tinha me acomodado na cesta de proa, balançando as pernas penduradas sobre a balaustrada. Ao longe, diante de nós, avistei de repente algum tipo de escolho — ou seriam rochas? Baixios àquela distância em mar aberto? Voltei correndo para a cabina e para a mesa de mapas, e informei a Jean, que por medida de precaução soltou as cordas do piloto automático, assumindo o leme manual.

— Nenhum baixio segundo o mapa, mas apesar disso tem alguma coisa lá — gritei para ele enquanto voltava a assumir meu posto de observação na cesta de proa. Fiquei gelado no mesmo instante, pois o indefinível obstáculo estava exatamente na nossa trajetória, a no máximo cem metros de distância.

— Para trás! — gritei para Jean. Ele manobrou o timão, e imediatamente perdemos velocidade, já que estávamos a todo vento.

Então, finalmente, pude reconhecer do que se tratava; eram várias baleias flutuando sobre a superfície sem se mover. Jean mudou o curso do veleiro com um curto golpe de leme e a curva se fez notar imediatamente.

— Preciso filmar isso, Jean! — Corri para a coberta e apanhei o equipamento, enquanto Jean estava totalmente concentrado em posicionar o barco em relação ao vento para, até certo ponto, poder manter a posição. Nós, afinal, não queríamos arriscar uma trombada com um daqueles colossos, e caso uma delas nadasse invisível sob a superfície, poderíamos atingi-la facilmente com nossa quilha.

Instalei rapidamente a câmara super-8 no estojo a prova d'água, vesti a máscara e os pés-de-pato e me deixei cair de costas por sobre a amurada. Precisei nadar uns trinta metros até chegar onde estava a primeira baleia. O mar ali era rico em plâncton, e a visão, portanto, era limitada. Só pude discernir as dimensões gigantescas do animal quando estava a poucos metros de distância. Deixei a câmara rodar e me aproximei o máximo que pude. Era uma baleia corcunda e, a julgar por sua pele coberta de parasitas, devia tratar-se de um exemplar bem idoso. Consegui chegar bem perto de sua enorme cabeça. Um grande olho olhava direta e fixamente para a objetiva de minha câmara, preenchendo praticamente todo o campo, mas não se notava nenhuma emoção ou algum outro tipo de reação do gigante. Involuntariamente, perguntei-me se as baleias conseguiriam dormir de olhos abertos; mas como elas aparentemente não têm pálpebras, não podia ser de outra maneira.

Eu consegui rodear o animal e imediatamente topei com o próximo gigante. Embora a distância entre elas fosse de quase dez metros, eu me senti prensado e estava prestes a rezar para que elas não resolvessem esfregar-se uma na outra. Mas em meio a tudo isso, não esqueci de soltar a trava da câmara, tal como já tinha acontecido uma vez.

Um rugido repentino me atingiu como um choque, até que eu percebesse que se tratava do ruído do motor e da hélice. Os colossos cinzentos agitaram-se de um golpe, a minha sorte foi estar fora do alcance de suas poderosas barbatanas caudais. Senti apenas uma corrente repentina que me lançou para trás às cambalhotas, por um momento, algo áspero roçou o meu ombro, e então tudo acabou. Na superfície da água, só restavam os lugares em parte serenos, em parte com redemoinhos: todo o grupo de baleias tinha mergulhado de uma só vez.

Parece que o tempo passa mais depressa sob a água do que em outros lugares. Foi só quando notei quanto o "Steelhead" já tinha se distanciado neste ínterim é que tomei consciência de que essa minha aventura devia ter durado quase meia hora. Jean, com certeza, tinha ficado preocupado, e essa foi a razão que o levou a ligar o motor, pois já fazia algum tempo que não conseguia localizar-me com os binóculos. Nadei na direção dele e voltei a subir a bordo.

Minutos depois estávamos velejando novamente, eu estava sentado a seu lado na cabina e contava-lhe extasiado a experiência da qual ele certamente teria gostado de participar. Logo, estávamos travando um diálogo sobre a absurda matança de baleias, o que forçosamente nos levou a dirigir nossas críticas ao comportamento de uma outra espécie, ou seja, a do assim chamado "homem civilizado".

— O homem é um animal que ficou louco, que perdeu a saudável razão animal da maneira mais perigosa possível — afirmei em determinado momento.

— Você tocou exatamente no ponto em questão — disse Jean.

— Eu não, mas Friedrich Nietzsche — disse, exercitando minha modéstia. — Eu o estou citando, mas concordo inteiramente com ele.

— O homem é um animal que ficou louco — disse Jean, passando de bom grado ao novo tema. — Muito daquilo que tem nos impulsionado desde tempos muito remotos, tais como a conquista de novos espaços vitais, o domínio de ambientes hostis, a obtenção de alimentos e o desenvolvimento de métodos cada vez mais sofisticados para caçar e lutar, tudo isso já não é mais atual. Há muito que essas exigências e necessidades já foram superadas, cumprindo fielmente as palavras da Bíblia: "Vocês serão os herdeiros da Terra." Mas hoje, na era da explosão populacional e das catástrofes ambientais, esse comportamento tem conseqüências fatais. E nós nem sequer tentamos sair desse círculo vicioso. Tudo aquilo que nos fez o que somos hoje demorou milhões de anos. É algo que cresceu lentamente, e que hoje é inato em nós. Somos o produto e a imagem exata do desenvolvimento da vida sobre o nosso planeta. Mas hoje nós mesmos estamos ameaçados pelos nossos instintos, originados num passado muito remoto. Não podemos livrar-nos deles. Esse é o nosso dilema.

Ele meditou um pouco e, de modo característico, franziu os olhos.

— Nossa única chance real consiste em deixar que esses instintos se manifestem e não tentar reprimi-los com a mania de uniformização

— disse ele, finalmente. — Se o princípio da seleção natural voltasse a suplantar o princípio de uniformização, grande parte do problema estaria resolvida. Só a maior diversidade possível de espécies — e também de pessoas — garante a sobrevivência. O turismo de massa e a moderna política da mídia terminam por apagar e misturar as últimas diferenças. Naturalmente, esse é um tema impopular mas, apesar disso, já está mais do que na hora de abordá-lo. Pode-se ler nas entrelinhas de inúmeras publicações de cientistas ilustres que é exatamente isso que se tenta dizer, e qualquer um que já tenha conversado com pessoas que prestam assistência a países subdesenvolvidos percebe sua resignação. Se o homem pudesse ser mais "animal", as leis da natureza poderiam proteger a Terra dele.

Isso era forte, e em seguida instaurou-se uma longa pausa, durante a qual eu procurava seguir seu raciocínio. Mas antes era preciso dar ordem ao sentido de suas palavras.

— A humanidade, portanto, age contra o desenvolvimento da vida no planeta? — eu finalmente perguntei com hesitação.

— Claro que sim — afirmou Jean com veemência. — Associados à estupidez e à intolerância, os que se autoproclamam humanistas tentam criar uma nova ordem mundial. Mas a lei de seleção natural nunca se deixará modificar. O nicho no qual a espécie humana se desenvolve ainda é tão limitado e tão desprotegido que mesmo pequenas irregularidades colocam sua existência em perigo.

— É possível — retruquei. — Erupções vulcânicas, a queda de meteoritos e catástrofes naturais não podem ser influenciadas, mas o homem como causador ou desencadeador de muitos problemas ambientais precisa evidentemente modificar-se.

— As perspectivas nesse sentido parecem ser bem sombrias — respondeu Jean. — Todos os que tentaram reeducar o ser humano fracassaram, não importando se as intenções eram boas ou más. As vozes cada vez mais estridentes de biólogos e de bioquímicos que consideram a engenharia genética uma saída só podem retardar e, no fundo, piorar as coisas. Quem acha que a engenharia genética é um meio necessário e eticamente correto para salvar a natureza da destruição está preenchendo os requisitos para ingressar nas filas dos ignorantes e presunçosos "humanistas", que deram as costas para a lei fundamental da criação.

— Mas a natureza já colocou em posição a primeira peça de artilharia em sua defesa — retruquei. — Muitos microorganismos têm sua carga genética modificada devido ao aumento da concentração de CO_2. Um número desconhecido de agentes patológicos mutantes, entre eles o vírus da AIDS e o Ebola, estão inundando a Terra. Ao mesmo tempo, bacilos há muito conhecidos modificam sua estrutura genética. Nosso sistema imunológico não está preparado para isso, pois tudo acontece rápido demais. A medicina e a homeopatia já não têm mais condições nem de acompanhar esse processo, e muito menos de adaptar-se a ele.

— É verdade — Jean constatou lacônico. — E nós ainda não mencionamos todos os parasitas que nos ameaçam.

— Estou ficando tonto — suspirei. — Vou buscar algo forte para tomarmos um trago. Além disso, não seria má idéia dar uma olhada em como anda se comportando a Mãe Natureza e ouvir o último boletim meteorológico.

Eu só precisava dessa oportunidade para que me ocorresse outra comparação. Enquanto olhava o mapa à minha frente e sintonizava o satélite de navegação, eu pensava o quanto as coisas tinham melhorado para nós com relação à época de Aulih e de seu clã, no período pré-histórico. Compassos, rádio, sextante, marcação por radiogoniometria e tabelas de marés tornavam possível determinar nossa posição exata em qualquer momento. Já fazia anos que Jean tinha me ensinado a manejar tudo aquilo. Isso, desde então, tinha-se tornado para mim uma rotina e, ao ligar os aparelhos eletrônicos, eu pensava muitas vezes o quanto tínhamos nos tornado dependentes das técnicas modernas.

Estávamos trinta milhas marítimas a leste de Guanaja, uma ilha do grupo das Islas de la Bahia, portanto a uma distância de cerca de duzentas milhas marítimas de Ambergris Cay, em Belize. O boletim meteorológico no rádio de ondas curtas fez com que meu pulso acelerasse. Furacão se aproximando do nordeste com curso sobre o Golfo de Honduras, a umas seis horas de distância e exatamente em nossa rota. A gravação automática da Guarda Costeira repetia constantemente o anúncio, em inglês e em espanhol intercaladamente. Pesqueiros e pequenas embarcações deviam dirigir-se imediatamente a um porto seguro.

Jean ouvira algo do som estridente do rádio e pediu que eu assumisse o leme por um momento para que pudesse comprovar a nossa posição. Mas era isso mesmo. Estávamos em apuros. Segundo o indicador, viajávamos a uma velocidade de seis a sete nós. Era impossível chegar a um dos dois portos mais próximos de onde estávamos. E já eram quatro horas da tarde; a perspectiva de estar em alto-mar, na escuridão da noite e em meio a um furacão não era nada atraente.

— As ilhas — disse Jean golpeando a mesa com o compasso. — A gente ainda pode chegar até lá e procurar abrigo do lado que não está exposto ao vento.

Ele calculou a distância com o compasso, como se para confirmar sua constatação. Um olhar para o mapa bastou para que eu percebesse que aquelas ilhas eram de fato a nossa única chance.

— Vamos! Mudança de curso! — eu disse ofegante. — Não temos tempo a perder. Rápido, calcule as coordenadas exatas enquanto eu já vou manobrando na direção aproximada.

Jean ofegou de volta, o que neste caso significava assentimento. Voltei à cabina e soltei o piloto automático, que tinha sido ativado novamente no entretempo.

— E lá vamos nós! — gritei à guisa de advertência para o camarote que ficava abaixo, enquanto manobrava o timão. O "Steelhead" cortou limpamente o vento, inclinando-se para o outro lado. Um grunhido alto de Jean deixou claro que meu aviso tinha sido fundado; quando se está trabalhando na mesa de mapas e se é apanhado desprevenido por uma manobra dessas, é fácil que se produzam manchas de tinta. Eu estava a ponto de estabilizar as velas para o novo curso, quando Jean emergiu do alçapão. Seu primeiro olhar se dirigiu naturalmente às velas e o seguinte — como evidentemente não tivesse nenhum reparo a fazer — à bússola.

— Assim mesmo, como ele está andando agora — resmungou no jargão de um velho lobo-do-mar. — À bolina.

A rota que eu tomara — aproximada, portanto — estava então correta, e o fato de que tínhamos que navegar à bolina, ou seja, obliquamente em relação ao vento, dizia-me que nosso objetivo não podia ser atingido diretamente; seria preciso cruzar traçando longas curvas. Era uma questão de sentir a coisa, permanecer à bolina, manter boa velocidade e ainda por cima "aumentar o caminho". Em todas essas, e em milhares de outras questões de navegação, Jean tinha sido um professor danado de bom.

— Eu queria certificar-me uma vez mais se se tratava de um furacão "normal" ou de um "fujão" — Jean falou justificando sua longa permanência no camarote. — Mas parece que ao menos nesse ponto "Henrieta" está se atendo às regras do jogo.

Ele realmente conseguia expressar fatos complicados em poucas palavras. Isso certamente pressupunha alguns conhecimentos básicos como, por exemplo, que no hemisfério norte os furacões giram no sentido anti-horário, e no sul, ao contrário, no sentido horário, enquanto nas proximidades do Equador ocorrem às vezes "fujões". Agora ao menos sabíamos de que direção esperar o primeiro assalto e, conseqüentemente, de que lado da ilha teríamos que nos manter afastados para não dar inesperadamente contra algum baixio. E como o H é a oitava letra do alfabeto, eu sabia também que se tratava do oitavo furacão da "temporada". Desde então, tenho antipatia pelo nome Henrieta.

Precisávamos, portanto, cruzar. Pouco a pouco, o vento foi ficando mais fresco e o mar mais encrespado, mas o "Steelhead" continuava reagindo a nossos comandos como um magnífico cavalo adestrado. Somente a espuma se tornava bastante desagradável, apesar do calor que continuava fazendo, de modo que vestimos nossas capas impermeáveis.

Finalmente, depois de várias curvas em S, surgiu no horizonte uma faixa escura. A ilha salvadora ainda estava a uma distância de sete milhas marítimas, e no entretempo já tinham decorrido quase três horas. O sol mergulhava no horizonte ocidental em meio a uma névoa plúmbea; sobre nós, o céu ainda estava azul, mas do outro lado já se erguia sobre o horizonte uma ameaçadora parede negra. A iluminação incerta e as brancas coroas de espuma do mar — tudo isso junto formava uma imagem fantástica, mas nós não estávamos absolutamente com disposição para desfrutar do espetáculo.

Em poucos minutos, a inclinação do barco diminuiu; o vento arrefecia. Era um sinal ameaçador. Ligamos o motor e recolhemos a vela. Dessa vez Jean não precisou abrir a boca para que eu a guardasse, embrulhando-a em lona e amarrando-a com cordas. Com o lusco-fusco desvanescente, Jean acendeu a iluminação. Apesar da calmaria, a lâmpada que tínhamos ao alto descrevia movimentos circulares devido à agitação do mar. O sonar mostrava uma profundidade constante de sete metros.

Assim que pudemos discernir claramente a linha costeira da ilha, Jean voltou a desaparecer no camarote para consultar o mapa. Ele estava preocupado com eventuais baixios, aparentemente sem muito sucesso, pois logo depois ele apareceu novamente, mandou-me para a cesta de proa com a sonda e tomou o rumo de um cabo rochoso que se projetava da ilha.

Enquanto eu jogava o peso de chumbo a cada poucos metros para verificar a profundidade, descobri na superfície da água as cintilantes cristas denteadas das primeiras rajadas. Eu as apontei para Jean estendendo o braço. O primeiro golpe nos atingiu segundos depois. O vento fez com que o "Steelhead" se inclinasse para o lado, mesmo sem a superfície da vela, dando-nos uma amostra do que estava por vir.

Outras rajadas se seguiram às primeiras, mas por sorte os últimos restos de luz eram suficientes para que as avistássemos, de forma que Jean pôde manobrar para evitar cada uma delas. A parede negra já cobria metade do céu. Dela lançavam-se os primeiros relâmpagos, e o vento trazia o retumbar e o rugir dos trovões.

Meu braço estava ficando dormente de tanto sondar. Mas esse era o momento. Jean precisava manter o barco a favor do vento para circundar os prolongamentos da ilha. Embora o motor rugisse a todo vapor, o iate oscilava e rangia devido às ondas que o atingiam pela popa e que já alcançavam uma altura considerável. O tempo parecia arrastar-se até que tivéssemos o cabo em diagonal para trás e Jean pudesse finalmente virar o leme.

Ali, esperávamos encontrar a superfície da água lisa e pouco vento, mas ficamos decepcionados. A tormenta que constantemente ganhava força transformava nosso desejo em ilusão, e além disso a arrebentação do lado do mar parecia redemoinhar junto à terra. Os demônios estavam soltos e, para mal dos pecados, a visibilidade diminuía cada vez mais.

— Quatro metros! — berrei para Jean a plenos pulmões, depois de ter mais apalpado que lido a marca na sonda. — Estamos quase sentados no fundo!

Jean desviou-se, mas só por alguns segundos, e então gritou de volta — Melhor lançar âncora! — Ele não queria correr o risco de, no último momento, topar com algum rochedo traiçoeiro que não estivesse indicado no mapa. Nós nos encontrávamos do lado do cabo que estava abrigado do vento, onde provavelmente estaríamos protegidos do pior da fúria dos elementos, mas as rochas que se projetavam para o alto nos fazia presumir que tinham uma continuação sob a água. Mesmo que o mapa indicasse aqui uma profundidade contínua de duas ou três braças, estávamos perto demais da terra firme para ter uma garantia.

— Atenção com a onda! — Jean gritou na minha direção enquanto se colocava contra o vento e punha o motor em marcha lenta. O "Steelhead" parou quase que imediatamente e logo em seguida a popa afundou. — Lançar âncora!

Soltei a trava, a âncora e a corrente saíram matraqueando. Imediatamente, soltei trinta metros de cabo, que emitiam um ruído sussurrante. Passaram-se segundos tensos e intermináveis até que sentimos o barco estacar. A âncora tinha agarrado.

Só então Jean se atreveu a sair da cabina em direção à proa. Ele se agarrava firmemente aos ovéns, pois caso contrário a força da tormenta o teria atirado de costas sobre o convés. No mesmo instante começou a chover. As massas de água que varriam horizontalmente o convés, no que parecia um dilúvio, limitavam o campo de visão ao comprimento de um braço.

— Quanto cabo? — Jean gritou no meu ouvido.

— Trinta metros! — berrei eu de volta.

Jean balançou a cabeça, abaixou-se, mediu mais vinte metros e soltou a trava. A popa do iate afundou novamente, voltou a subir logo em seguida, e então o barco, com um tranco, voltou a ficar imóvel. Não satisfeitos com isso, lançamos ainda as duas âncoras de emergência e amarramos todas as partes móveis que havia na coberta. Numa situação normal, Jean sem dúvida teria procurado alguma marca radiogoniométrica em terra para poder verificar alguma mudança de posição mas, dadas as circunstâncias, não se podia nem pensar nisso. Já nos demos por muito felizes por conseguir chegar à cabina, ainda que molhados até os ossos, e nos arrastarmos para o camarote. Os uivos da tormenta abafavam até mesmo o rugido do motor. Ainda deixamos o motor ligado por uma meia hora para carregar as baterias, e ligamos a bomba para retirar a água.

— Obrigado, amigo — Jean suspirou dando-me uma palmada de reconhecimento no ombro. — Foi um bom trabalho em equipe.

Fui em busca de gaze na farmácia de bordo, pois eu tinha algumas esfoladuras que sangravam nas costas das mãos, produzidas quando lançava a âncora. Era bastante perigoso lidar com as tesouras, já que o "Steelhead" dançava uma lambada como se fosse uma vaca louca apaixonada. Ele se erguia e se abaixava o tempo todo, mergulhando de repente num vale de ondas, dando um puxão na âncora e fazendo com que os cabos rangessem.

A tormenta bramia, empregando toda sua sanha para aniquilar nossa casca de noz. Alguns objetos do equipamento se soltaram no camarote, e faltavam-nos mãos para arrumar todas as coisas que nos tinham passado despercebidas. Simplesmente não havia descanso, pois devido àquela dança infernal tínhamos que nos agarrar o tempo todo para não sermos atirados de um lado para o outro. A água escorria pela escada da cabina, apesar de tanto a escotilha como o alçapão estarem bem fechados. Quanto à estrutura do barco, só agora descobriríamos sua resistência; apesar da dança infernal, o barco tinha agüentado bem até então.

É bem provável que Jean, como eu, tivesse a sensação de estar num sonho louco. Certamente não teríamos escapado caso esse furacão nos tivesse apanhado em mar aberto. E de novo pensei em Aulih, em Erec, no Corvo Branco e nos outros. Talvez eu quisesse com isso me afastar de uma realidade que não seria capaz de imaginar em minhas mais loucas fantasias.

Mas nós ainda não tínhamos conseguido. Sempre tínhamos que novamente lutar para subir brevemente à coberta, olhar à direita e fixar nossa posição. Parece que "Henrieta" tinha muito fôlego. Foi só depois de três horas que a violência brutal desse fôlego começou a diminuir, primeiro quase que imperceptivelmente e, pouco a pouco, de maneira mais e mais notável. Ainda ventava de maneira considerável, mas pelo menos já não se podia falar em um furacão. A luz surgiu de repente quando fizemos a inspeção seguinte na coberta. O manto de nuvens tinha se aberto e a lua, finalmente, desvendava os arredores. Estávamos no meio de uma baía: a estibordo, o cabo semelhante a uma cortina escura; a bombordo, cumes ondulados e cobertos de mata contra os quais as ondas quebravam produzindo luzes de conto de fadas. E via-se a mesma aparição luminosa a escassas 120 braças de distância à direita. Ali, erguia-se do mar ainda revolto uma tira de pedra semelhante às costas de uma baleia.

— Maldição — eu disse quando avistei o obstáculo que poderia ter selado o nosso destino. — Alguém colocou o dedo entre nós e a rocha.

— O "Grande Maestro" — respondeu Jean oprimido. — E exatamente por essa razão, por uma vez você poderia excepcionalmente não blasfemar.

Esperamos até que o dia começasse a clarear e, finalmente, conseguimos dormir algumas horas nos catres estreitos. Quando despertamos, a manhã já estava clara. O Pai Sol Hoh tinha afugentado não só a escuridão mas também a esbravejante "Henrieta". Um avião de busca da guarda-costeira circulava sobre a baía, evidentemente procurando embarcações avariadas e acidentes provocados pela tormenta.

Por duas vezes Jean fez o sinal de O.K. quando eles passaram, acenando em sinal de agradecimento, ao que o piloto acenou de volta e se afastou. Estávamos de volta, sãos e salvos, e o mundo estava intacto. Quer dizer, tão intacto ele não estava. Um tanque de reserva, que não podia ser mantido sob a coberta, tinha-se soltado e caído no mar, a vela de nossa prancha de *windsurf*, que não tinha sido bem embrulhada, estava irremediavelmente esfarrapada, além de toda uma série de pequenos danos cujo conserto tomou-nos um tempo considerável. Durante o resto do dia, transformamos o belo "Steelhead" num junco chinês. Essa expressão tinha sido criada por Jean, e era perfeitamente adequada à realidade, já que tivemos que pendurar todas as nossas coisas encharcadas na coberta para evitar que se criasse mofo no barco.

Ao final da tarde estávamos prontos para zarpar. Preparei uma refeição festiva para comemorar o fim do dia de trabalho, ouvindo ao mesmo tempo o rádio que Jean tinha ligado. Os relatos dos extensos danos, às vezes dramáticos, causados pelo furacão confirmavam o que presumíamos, ou seja, que tínhamos tido muita sorte durante aquele rompante de fúria da natureza. Poderíamos prosseguir nosso cruzeiro na manhã seguinte. Tínhamos uma noite longa e agradável à frente. Além disso, essa ao menos era a minha esperança, Jean traria de volta à vida aquela época primitiva e me contaria mais sobre o clã de Aulih, ao qual eu já tinha me afeiçoado.

XVI

Estávamos, portanto, prontos para zarpar — cerca de vinte horas depois de "Henrieta" ter-se despedido. Nesse entretempo ela já tinha deixado um rastro de devastação pela Península de Yucatán, já tinha recobrado o fôlego no Golfo do México e agora estava assolando a costa do Texas. Isso foi pelo menos o que deduzimos das notícias que chegavam até nós de Houston via ondas curtas. Ao abrigo do Cabo Oriental de Guanaja, só uma leve ressaca lembrava o temperamento dessa agressiva senhora.

A aparente surdez de Jean não era conseqüência do furacão; a razão era outra. Como sempre acontecia, ele não prestava atenção nas minhas observações sobre o clã do Vale dos Mamutes que, a princípio tímidas, eram agora enfáticas, e simplesmente foi deitar-se logo depois do jantar. Não me restou outra coisa a fazer senão imitá-lo.

Somente sete ou oito horas depois, ouvindo as estridentes vozes do rádio, ficou claro por que Jean fizera tanta questão de dormir a noite inteira. A rádio estava transmitindo o boletim meteorológico internacional para o Caribe. A escuridão ainda reinava lá fora, mas Jean já estava sentado à mesa de mapas e, iluminado pela forte luz do abajur de mesa, manejava a régua e o compasso. De alguma forma, ele tinha percebido que eu me arrastava para fora do catre, pois disse sem se voltar:

— Cerca de 150 milhas sobre o mar. Se vararmos, são dois dias de viagem.

Antes, preciso esclarecer que não sou nenhum dorminhoco. Se apesar disso só pude dar um bocejo como resposta, foi apenas porque não consegui encontrar palavras para fazê-lo. Na linguagem de marinheiro de Jean, varar significa velejar sem parar — dia e noite — fazendo turnos intercalados de quatro horas.

Em nossos cruzeiros, sempre que possível, parávamos num porto ou em algum lugar protegido para passar a noite. O "Steelhead" era na verdade um *Ocean Racer*, um iate de alto-mar; portanto não era preciso ficar próximo à costa. Mas o barco fora planejado para uma tripulação de quatro pessoas, de maneira que a distribuição de tarefas seria bem diferente se contássemos com uma equipe completa.

Olhei para o mapa que Jean tinha aberto diante de si. Aquela parte da Nicarágua a que tínhamos dado adeus poucos dias antes chamava-se Mosquito Coast ou Costa dos Mosquitos, tendo em frente a Mosquito Bank ou Recife dos Mosquitos. Ambos terminavam ao norte no Cabo Gracias a Dios. Entretanto, esses nomes eram muito enganosos, pelo menos no que se referia aos mosquitos; pois a costa de Honduras, que vinha logo a seguir, chamava-se Mosquitia.

Felizmente, já tínhamos deixado tudo isso para trás. Guanaja, a mais oriental das Islas de la Bahia, estava trinta milhas a noroeste da costa. A partir dessa ilha, onde estávamos então ancorados, Jean traçou uma linha reta em direção ao noroeste, portanto uma diagonal ao largo do Golfo de Honduras. Essa linha terminava em Ambergris Cay. Jean já soltava o compasso, cuja abertura ele controlava na margem direita do mapa para, assim, comprovar a distância. O movimento brusco com que ele fechou o compasso não me dava nenhuma chance de contradizer o capitão.

Levantamos âncora com o estômago vazio, abandonando a baía impulsionados pelo motor. Evitávamos assim ter que cruzar contra a fresca brisa marinha. Foi só quando já tínhamos nos afastado o suficiente que lançamos a vela e nos entregamos à força do Passat, que tinha substituído "Henrieta" e, segundo o mostrador, impelia-nos a uma velocidade de cinco nós. Os prolongamentos rochosos da ilha foram desaparecendo pouco a pouco atrás de nós, brilhando avermelhados à luz do sol nascente.

Jean, naturalmente, tinha feito um cálculo generoso com relação às jornadas, levando em consideração possíveis circunstâncias adversas.

A verdade é que o Passat era um parceiro confiável no que se referia à direção, mas o manual indicava que nessa época do ano os ventos eram fracos no Golfo de Honduras, de modo que nem sempre se podia confiar na força da brisa que no momento nos favorecia tanto.

O primeiro turno livre era meu, e o aproveitei para fazer uma toalete completa — em ambos os sentidos da palavra. Tomei até mesmo uma ducha de água do mar e, como o sabão praticamente não faz espuma quando em contato com água salgada, tive de compensar sua pouca força de limpeza com uma enérgica esfregação. Ao me secar, descobri a ponta estranhamente rosada de meu dedo médio. Encontrei o pedaço de "Pixupochtl", que pouco antes ainda estava ali, na palma da luva de banho, o que me levou a examinar mais atentamente a "panqueca" que eu tinha em minha coxa. Ela ainda não tinha se soltado, mas as bordas já estavam começando a franzir, de modo que era possível cortá-las sem problemas com a tesoura da farmácia. Já fazia dias que eu mal sentia o ferimento e, portanto, parece que Mapita tinha toda a razão quando fizera suas previsões.

Jean, que evidentemente estivera observando enquanto eu me dedicava a esses afazeres, perguntou a respeito, ficando muito contente com minha explicação. Mas nem isso, nem o desjejum que se seguiu levou-o a retomar sua narrativa. Eu então me sentei no camarote, preparei material para escrever e tirei "Maria" do estojo. Minhas idéias tinham chegado a tal ponto que agora era preciso colocá-las no papel. Os títulos já estavam prontos: — "Corvo Branco", "Schambuh" e "Isikeh". Eu já tinha mais três em gestação, de maneira que logo começariam também as dores do parto.

Eu notara que Jean há muito já tinha estabilizado o barco e ligado o piloto automático. Não é preciso explicar nem mesmo ao leitor mais distraído o que é que eu queria conseguir com o som de minha "Maria". Mas o resultado esperado se fez esperar. A única conclusão a que pude chegar é que a continuação da história era um parto extremamente difícil.

Como castigo, assumi meu turno pontualmente e fiquei vigiando com toda a atenção, embora desde a manhã não tivéssemos avistado nenhum outro barco ou navio. Então, quem tinha o turno livre — ou seja, Jean — tinha de cuidar do almoço. Ele certamente não tinha pensado nisso quando distribuiu os turnos. Eu já não lembro mais o que foi que ele acabou preparando, só sei que era comida em conserva, pois a essas alturas nossas provisões congeladas estavam terminando.

Ele provavelmente tinha olhado primeiro o refrigerador vazio, pois após um almoço bastante desanimado e a conseqüente lavagem da louça, ele de repente veio com a idéia de fazemos uma competição de pesca. Devo acrescentar que nós dois somos pescadores fanáticos, de modo que toda pescaria que fazemos se transforma num torneio. Com o tempo, cada um de nós tinha desenvolvido sua isca especial, na qual confiava cegamente. A minha consistia num sólido pedaço de carne de cação, coberto por uma luva de borracha cortada nas pontas por onde entravam os dedos. Dessa maneira, a água passava através dela como se fosse uma bóia de lona, e os dedos da luva moviam-se como os tentáculos de uma lula. Eu fisgava principalmente atuns com ela, e a tinha criado visando justamente essa espécie.

Jean disfarçava seu anzol com um pedaço velho e rasgado de loneta, cortado em tiras a partir de uma das extremidades. E para conseguir também um efeito "esvoaçante", ele às vezes acrescentava a essa isca penas que, evidentemente, iam para o brejo com as vigorosas mordidas do peixe. Apesar disso, ele estava convencido de que assim "agradava" mais do que eu às nossas presas em potencial. Infelizmente, dessa vez não havia nenhuma pena.

— Só para ficar mais equilibrado — acrescentou ele mortalmente sério. — Você não me emprestaria a pena que está no braço da sua "Maria"? Só desta vez, quero dizer ...

Jean já tinha procurado abrigo antes que eu pudesse encontrar algo duro e resistente para arremessar contra sua cabeça. Caso estivesse em casa, um vaso de flores teria vindo a calhar.

— Não, não faça isso! — ele gemeu, quando estendi a mão para apanhar o pesado facão de cortar peixe que estava junto o meu anzol. — Foi só uma pergunta!

Então, nós dois caímos na gargalhada. Nossos anzóis de arrasto foram lançados sobre a borda e então Jean acendeu um charuto da paz.

Ainda não tínhamos fumado a metade e lá veio da popa um ruído de matraca: o primeiro peixe tinha mordido. E segundos depois o barulho se repetiu no segundo anzol.

Tivemos de lutar duramente para alçar nossas presas a bordo. Jean já estava com o facão na mão, matando-os da forma mais indolor e rápida possível: dois atuns de um azul esverdeado iridescente, cada um pesando cerca de dez quilos.

— Agora sim as baterias duplas reforçadas valeram a pena — brincou Jean, referindo-se ao fornecimento de energia elétrica do "Steelhead", para o qual ele tinha feito uma instalação especial, única e exclusivamente por causa do congelador. Com isso, ele expressava exatamente o que eu pensava com relação às nossas provisões congeladas. De qualquer maneira, agora havia lugar suficiente no *freezer*.

Nas horas que se seguiram, não houve outro jeito a não ser transformar a coberta do barco num enorme chiqueiro. Um atum inteiro, o outro pela metade, ambos limpos e cortados em filés, foram colocados em sacos plásticos e acomodados no congelador que, para obter um congelamento de choque, trabalhava com a potência máxima. Jean, por essa razão, ligou o motor, para mandar mais corrente às baterias. Enquanto isso, enchi nossas panelas com água do mar e a aqueci um pouco, acrescentando uma garrafa de vinagre, um punhado de sal e pimenta moída e em grão, além de algumas folhas de louro. Coloquei os dois filés frescos que tinham sobrado nesse caldo, depois de tê-los separado em quatro porções e colocado na geladeira. Jean guardou nossos anzóis e, depois de termos esfregado juntos a coberta e a amurada, sacrificamos a Netuno as duas metades de charutos Havana há muito apagados, lavamos as mãos e nos acomodamos confortavelmente na cabina, com uma garrafa de vinho.

Não trocamos nem uma palavra sobre qual anzol tinha sido mordido primeiro. Parece que havia um tema que interessava muito mais a Jean. Com certeza, aquela história da pena o tinha levado a isso.

— Você não passou a acreditar mesmo no Corvo Branco, passou? — perguntou sem olhar para mim.

— Não deveria? — perguntei indeciso.

— O quê?

— Acreditar ou não acreditar.

— Essa é a questão. E aí já chegamos à literatura. Shakespeare ... — disse ele terminando com elegância os rodeios que nós dois tínhamos feito sobre o assunto. — Mas e então, sério: o que você acha desse pássaro?

— Que ele era albino, tal como ocorre ainda hoje por toda parte na natureza.

— Claro. Seres com uma falta inata de coloração, de pigmento: *poodles* brancos, ratos brancos ... — Evidentemente, ele pensou a princípio em animais de criação, mas eu não queria deixar a coisa por aí, portanto, dei prosseguimento à lista:

— A menção de elefantes brancos no Budismo, baleias brancas, antílopes brancos, veados, camelos, até mesmo vacas brancas e pessoas albinas com sobrancelhas, cílios e cabelos brancos e, sobretudo, com olhos vermelhos ou avermelhados ... Naturalmente, a gente só vê isso em filmes de terror, mas eles existiram e ainda existem.

— É, às vezes também os chamam de assos — assentiu Jean. — E eles já não chamam tanto a atenção porque fazem com que sua aparência fique mais parecida com a das pessoas "normais" graças aos cosméticos. Caso não houvesse esse recurso, eles certamente seriam considerados estranhos ou até mesmo proscritos.

Tomei um gole de vinho, meditei por algum tempo e dei algumas tragadas no Havana.

— Aí está a minha resposta — disse finalmente. — Você chegou até ela sozinho: o corvo branco foi proscrito por seus companheiros de espécie. Para livrar-se da solidão, ele procurou a companhia de outros seres... seres humanos, que demonstravam consideração por ele e o alimentavam.

— Um fenômeno totalmente natural, portanto? — evidentemente, ele tentava aclarar as próprias idéias.

Eu tinha aproveitado a pausa, e sabia qual direção queria e deveria dar a nossa conversa.

— Todos os "fenômenos" são naturais, Jean — assumi calmamente o papel que na verdade pertencia a ele, já que ele era o narrador. — Até mesmo os planos e as atitudes humanas mais loucos são "naturais". Da inseminação artificial até as viagens espaciais e a fusão nuclear, passando pelos transplantes de coração, tudo isso são possibilidades pressupostas na natureza.

— Essa é uma solução fácil, mas jamais me ocorreu que o homem, em sua ignorância, também seja natural — concedeu Jean.

— Não é tão simples assim — retruquei. — Nós ainda estamos dentro das possibilidades que englobam tudo que é pressuposto pela natureza — assim como tudo que já aconteceu e que está por acontecer. E agora fiquemos com esta idéia. Foi a própria natureza — a criação, portanto — que, no curso de milhões de anos, possibilitou o desenvolvimento de um ser para quem a criação sozinha não é mais suficiente, que presume a existência de um plano — algum plano desconhecido — que ele não pode explicar, mas que tem que vir de algum lugar. De onde? Isso também não é suficiente. Ele tem que vir de alguém. Certamente de alguém que criou esse plano, que criou a natureza e limitou suas possibilidades. Esse Criador, portanto, deve existir numa dimensão que está além da natureza, além daquilo que foi criado por ele. Conseqüentemente, deve haver também uma dimensão, um "espaço" secreto, onde residem aquelas coisas que nossa sabedoria acadêmica não consegue nem sonhar. O conceito de uma possibilidade implica ao mesmo tempo os limites dessa possibilidade. Esses opostos não podem ser concebidos, não podem existir um sem o outro. É *nisso* que esse ser, com sua razão limitada, pensa há milhares de anos; ele vive no espaço e no tempo e encontrou definições patéticas para esses componentes vitais. Mas, até o dia de hoje, ele não consegue conceber o que é isso... espaço e tempo. Pois é justamente aí que está o limite entre o finito e o infinito ...

Nunca até então, e nem depois desse momento, vi meu amigo Jean tão pensativo, embora eu absolutamente não tivesse essa intenção. Simplesmente me ocorreu, algo que se desenvolveu dentro de mim sem a minha intervenção. Essa explicação era um plágio incontestável, pois essa tinha sido exatamente a explicação que ele dera para a gênese de sua história. Por isso mesmo eu não mencionei esse fato, esperando que ele não me perguntasse a respeito.

Cada qual se perdeu nos próprios pensamentos, enquanto esvaziávamos a garrafa de vinho e terminávamos de fumar os charutos. Finalmente, Jean atirou a ponta do seu por cima da amurada, desceu sob a coberta e desligou o motor. Ele com certeza tinha voltado a colocar o marcador do congelador na posição de congelamento normal. Ao voltar, ficou em pé a meu lado, apoiou as mãos na balaustrada e olhou para o mar.

— Foi bom eu ter perguntado — disse ele — mesmo que não possamos encontrar uma resposta. Deixemos o Corvo Branco lá onde ele pode viver para sempre: uma dimensão que só é acessível à nossa fantasia, mas não à nossa razão.

— De acordo — eu disse. — E quanto à continuação da sua história?

— Não há nenhuma continuação, Klaus — respondeu. — A história termina com a volta de Erec e o desaparecimento do Corvo Branco. As questões que ainda permanecem em aberto só podem ser respondidas por arqueólogos e etnólogos.

Ele tinha se virado e olhava para mim. Um sorriso brincava em seus lábios.

— E aqui estou eu, pobre tolo ... — eu me esforcei para encontrar um tom ameno.

— Goethe — disse Jean. — A inteligência e os sonhos de nosso maior poeta. Deve haver algo a que o homem possa se agarrar quando sente vertigens ...

Nós não só varamos, tal como Jean tinha previsto, como o Passat também não diminuiu e nos permitiu manter nosso curso direto rumo a Ambergris Cay também durante a noite, sem que fosse preciso sequer mexer na vela. Foi só quando assumi o timão no turno da tarde do dia seguinte que surgiu no horizonte a silhueta inconfundível da torre do farol, na passagem do recife. Era como se o "Steelhead" tivesse ganhado asas no Golfo de Honduras; uma sorte inesperada para nós, pois o céu já estava encoberto por um grosso manto de nuvens, que anunciava chuva para breve.

Nós tínhamos chegado a tempo de aproveitar a maré alta do meio-dia, de forma que passamos pelo recife e pela torre do farol sem nenhuma hesitação e pudemos seguir, à força de motor, o caminho marcado por bóias que levava ao porto em meio a um emaranhado de baixios. Com a última luz do dia, encontramos um lugar para ancorar e, quando amarramos, já estavam caindo as primeiras gotas.

A Capitania — ou seja, a administração do porto — e a alfândega ficavam no mesmo edifício, que por sua vez não ficava longe do nosso ancoradouro, diante do armazém adjacente. Ali já estava tudo escuro, e justo naquele instante duas figuras envoltas em brilhantes capas de chuva deixavam os escritórios. Eles evidentemente estavam com pressa de chegar em casa antes que a chuva apertasse. Tinham por certo observado nossas manobras e sabiam da determinação oficial segundo a qual qualquer embarcação que chegasse devia apresentar-se imediatamente ao capitão do porto. Jean cumpriu essa determinação acenando da coberta, e uma das figuras acenou de volta. Começou a chover forte alguns instantes depois, como se a chuva só estivesse esperando por esse sinal. Nós ainda abrimos rapidamente os vazadouros dos canaletes de escoamento em ambos os lados da coberta e na cabina e nos enfiamos no camarote. Ali, durante as horas seguintes, ficamos ouvindo o crepitar das gotas no teto e o gorgolejo nos canos que conduziam o dilúvio celeste ao nosso tanque de água de chuva. Ao menos poderíamos voltar a nos lavar e a tomar banho com água doce nos próximos dias.

O dia seguinte amanheceu nublado. A primeira providência seria passar pela Capitania para desembaraçar a inevitável papelada. Jean era uma pessoa ordeira e tinha tudo consigo: os documentos da embarcação e de identidade, a lista da tripulação e meia dúzia de outros formulários. Ele apresentou até mesmo o diário de bordo e, tendo em vista seu amor pela ordem, é difícil explicar como é que precisamente uma nota, dólar americano evidentemente, tinha ido parar em meio às páginas à guisa de marcador. Seja como for, graças a esse "descuido", o "insubornável" que estava sentado do outro lado da escrivaninha entregou-lhe o documento de entrada dois minutos depois.

Seguimos então para a loja de Joe, onde fomos assaltados pelos possantes rugidos de uma exclamação de boas-vindas. Graças ao mau tempo, no fundo esperávamos que nossa entrada vespertina no porto tivesse passado despercebida, mas o telégrafo invisível de Ambergris Cay frustrou nossas esperanças. Todos os "velejadores" e "lobos do mar" que perambulam pelo cais e pelos armazéns pareciam ter-se reunido na capenga barraca de Joe. A loja dele era na verdade o local certo para velejadores e para tudo o que está relacionado com viagens marítimas. Ali podia se encontrar as pessoas mais interessantes e ouvir as histórias mais inacreditáveis. Assim, comemoramos nosso retorno até o meio da tarde, desfrutamos de uma ducha quente de verdade no banheiro de Joe e voltamos para o "Steelhead" para curtir nossa ressaca.

Passamos os últimos dois dias surfando e pescando. Providenciamos uma nova vela para a prancha de *windsurf* e, no que se refere à pescaria, não havia lugar melhor do que os manguezais da região, aonde chegávamos em poucos minutos com o bote de borracha. Ali podíamos encontrar o obarana-rato e o tarpão — cobiçadas presas da pesca esportiva — e nós de fato chegamos a apanhar um tarpão ou "rei de prata" como também é chamado. Ele tem o tamanho normal de um arenque e chega a atingir até dois metros de comprimento. Nosso exemplar media aproximadamente um metro e meio, tal como Jean constatou com seu metro articulado, e eu conheço várias pessoas que teriam pago um bom dinheiro para fisgar um exemplar daqueles em seu anzol. Nós, evidentemente, tiramos fotografias e voltamos a soltá-lo na água, o que é uma questão de honra entre os pescadores esportivos.

Além disso, nós naturalmente encontramos tempo para conversar e, como eu continuasse ocupado, trabalhando em minhas canções, não conseguia me esquecer das personagens do clã do Vale dos Mamutes. Esse, portanto, era o assunto de nossas conversas.

— Eles devem ter levado algum tempo para chegar à sua Terra Nova — ou seja, o Alaska — disse Jean, quando voltamos a falar sobre o tema. — Beríngia, a terra que eles atravessaram, é o atual Estreito de Bering, que liga o Pacífico Norte ao Oceano Ártico ou, mais precisamente, com o Mar dos Tschuktschen ...

Ele não baixou a voz, fazendo com que eu percebesse que ele esperava uma resposta. Foi só então que eu ouvi:

— Mar dos Tschuktschen? — repeti. — Mas eles eram caçadores de morsas ...

— Os tschukta — confirmou Jean piscando um olho. — Que coincidência ... E sendo a vida como é, os tschuktschen também usam barcos muito primitivos para caçar morsas até hoje. Claro que eles, nesse meio-tempo, já adquiriram motores de popa, armas e arpões de verdade. Por acaso você descobriu outras semelhanças com a nossa época?

Ele aparentemente queria me levar por um determinado caminho que, no entanto, permanecia velado para mim.

— Os tobogs — ele esclareceu, quando fiquei devendo a resposta. — Os índios do Alaska e do Canadá ainda usam trenós puxados por renas, e os chamam de tobogãs.

— Você inventou mais alguma dessas sutilezas? — disse eu com sarcasmo, ao reconhecer, contrariado, a palavra.

— O nome "Athabasca" lhe diz alguma coisa?

— Não é um rio no Canadá? Ou uma tribo de índios?

— Não é uma tribo, mas todo um tronco lingüístico disseminado pelo Alaska, pelo Canadá e pelo extremo ocidental dos Estados Unidos: os atabascos, um povo de pescadores e caçadores que se especializou em renas. Suas colunas totêmicas compõem-se de castores gigantes, de mochos e monstros pré-históricos com caninos gigantescos, mas a ponta do totem é sempre um corvo. Há até mesmo uma das numerosas tribos que se chama "Raven",* e uma outra, os "Boma", adaptaram-se muito bem à época moderna. Eles entalham pequenos totens em madeira negra e os vendem aos turistas.

Isso que Jean relatou em poucas frases lapidares era — eu precisei meditar por um momento para encontrar a expressão correta — sim, eram previsões para o futuro, quando consideradas do ponto de vista das pessoas do Vale dos Mamutes. Queria dizer que o clã tinha se multiplicado, disseminado e tomado posse da Terra Nova. Toda essa explicação me pareceu muito satisfatória, não sendo mais necessária uma continuação da história de Jean, que acabava de ser condensada. Ele traçara um panorama de um progresso de vinte mil anos em dois minutos, e ainda assim parecia que eu o estava vendo.

— Claro que no norte dos Estados Unidos existem também os índios Crows, a tribo dos Corvos — disse eu tentando colaborar com algum detalhe.

— Talvez seja mais uma relação. Nada mal para um "turista", companheiro — ele brincou.

Talvez pareça um exagero, mas naquele momento fiquei contente em ter pensado nisso.

Nem Jean nem eu gostávamos de grandes cenas de despedida. O táxi, um Mercedes destrambelhado, esperava na frente da Capitania, e Jean ajudou a carregar e a acomodar no carro meus dois sacos de viagem e meu violão. Em seguida, só três golpes na palma das mãos aber-

* Raven — corvo, em inglês (N.T.).

tas, tal como tínhamos visto fazer os jogadores de *baseball*. Nosso olhares diziam o resto.

— Mande notícias — Jean disse. — E não tão raramente quanto no ano passado.

— Vou escrever assim que chegar — assegurei. — E vou mandar também uma fita com minhas canções, se é que você consegue voltar a ouvir música decente.

Sorrisos sinceros de ambas as partes, e eu me sentei no táxi que me levaria ao modesto aeroporto de Ambergris Cay. Lá me esperava uma pequena aeronave, um Piper. O piloto que me cumprimentou, um velho conhecido, era um dos sujeitos com quem tínhamos festejado na loja de Joe. Por essa razão, foi fácil convencê-lo a dar uma volta sobre o porto a título de despedida. Como se tivesse imaginado algo nesse sentido, Jean estava no cais agitando seu boné de capitão. Ele então apontou várias vezes para o alto do mastro do "Steelhead". Lá em cima, sobre a lâmpada, tinha pousado um pássaro branco, provavelmente uma gaivota ...

E fiquei sem saber em que acreditar ...

PAIXÃO DIABÓLICA

Dion Fortune

Neste livro fascinante, Dion Fortune combina seu profundo conhecimento de ritos e práticas de magia com a habilidade de romancista, dando vida a personagens e situações fictícias.

Romance de suspense ocultista, pode ser lido simplesmente pelo prazer da leitura de um enredo bem-desenvolvido; contudo, os estudiosos do Ocultismo e todos os que buscam o conhecimento que está além dos nossos sentidos físicos encontrarão nele informações de grande valor.

Paixão diabólica é, antes de tudo, a história de uma odisséia espiritual, da busca de um homem pela verdade final e pelo conhecimento interior; a história de sua jornada através da morte e do mal, para encontrar uma vida nova, de esperança e redenção, junto a uma mulher que é a síntese de todas as mulheres.

EDITORA PENSAMENTO

A vinda de Joachim Stiller

Hubert Léon-Lampo

Hubert Léon-Lampo nasceu na antiga cidade flamenga de Antuérpia, em 1920. Romancista e autor de inúmeros ensaios sobre literatura, Lampo viu-se definitivamente consagrado no mundo literário dos Países Baixos através de *A Vinda de Joachim Stiller*, obra premiada pela Trienal de Literatura Belga.

Com este romance, Lampo ingressou no estilo literário que ele próprio denominou de "realismo mágico",. acrescentando que, muito mais do que um simples estilo, trata-se de "um modo puramente existencial de experienciar a vida e a essência do cosmos". Em Lampo, o realismo e o mágico se justapõem em iguais proporções.

Em *A Vinda de Joachim Stiller*, os dois níveis da ação – o da realidade cotidiana de Freek Groenevelt, um escritor e jornalista da cidade de Antuérpia, e o do sobrenatural que, de modo gradual, vai se introduzindo em sua existência – entrelaçam-se de modo engenhoso, fundindo-se no tema do amor, o qual assume tonalidades místicas, enraizadas, não obstante, na experiência erótica básica.

Nesta obra, o autor traz à tona o arquétipo do Messias, uma das imagens primitivas que, segundo Jung, o homem carrega em seu inconsciente.

A Vinda de Joachim Stiller é uma obra muito bem escrita, envolta por uma aura enigmática, rica de sensibilidade e dessa qualidade sem a qual mesmo os grandes romances não sobrevivem: o permanente e crescente interesse que desperta no leitor.

Rubens Rusche

Cultrix/Pensamento